「不惜身命」特別版 ビジュアル海外巡錫シリーズ

大川隆法
ブラジル
巡錫の軌跡

B r a z i l

〔監修〕大川隆法
宗教法人 幸福の科学 編

Brazil

大川隆法

ブラジル巡錫の軌跡

二〇一〇年十一月、大川隆法総裁は、地球の反対側に位置するブラジルへ、約一週間の伝道旅行を敢行し、「一《いち》期《ご》一《いち》会《え》」の精神で五回の説法を行った。本書は、その不《ふ》惜身命《しゃくしんみょう》の軌跡を記録した写真集である。

今回の巡錫《じゅんしゃく》のクライマックスは、南米最大のホールでの講演会。大川隆法総裁は、会場を埋め尽くす聴衆から熱烈なスタンディング・オベーションで迎えられた。世界最大のキリスト教国であり、カトリックをはじめとするクリスチャンが人口の九割を占めるブラジルにおいても、大川隆法総裁の普遍的な教えは大いなる感動をもって受け入れられた。

二万キロの距離を越え、人種や既存の宗教観を超えて、「すべての人々を幸福にしたい」という大川隆法総裁のみなぎる熱意と、「現代の救世主からのメッセージ」を真っすぐに受け止めるブラジル人信者の信仰心とが織りなす感応道交《かんのうどうこう》の姿から、「真実への目覚め」を促す力を得られれば幸いである。（編集部）

大川隆法
ブラジル巡錫《じゅんしゃく》 日程
FROM JAPAN TO BRAZIL

11/2 「エル・カンターレ信仰とは何か」 （東京・幸福の科学総合本部）

11/4 「アルファの法」 （東京・幸福の科学総合本部）

ブラジル巡錫

11/7 「神秘の力について」 Sobre o Poder Místico （ブラジル正心館）

11/9 「常勝思考《じょうしょうしこう》の力」 O Poder do Pensamento Vencedor （ソロカバ支部）

11/10 「幸福への道」 O Caminho para a Felicidade （ジュンジャイ支部精舎）

11/12 「真実への目覚め」 Despertando para a Verdade （ブラジル正心館）

11/14 「愛と天使の働き」 Amor e o Trabalho dos Anjos （クレジカードホール）

12/4 「世界宗教入門」 （神奈川・横浜アリーナ）

大川隆法 ブラジル巡錫の軌跡 CONTENTS

RYUHO
FUNDADOR DA HAPPY SCIENCE
OKAWA
AMOR
REFLEXÃO
CONHECIMENTO
DESENVOLVIMENTO
AS
LEIS DA
FELICIDADE
Cultrix
eis da Felicidade"
ポルトガル語版『幸福

Sua visão

Prologue
プロローグ

世界中の人々を幸福な世界に生かすために

幸福の科学グループ創始者 兼 総裁
大川隆法

幸福の科学は、イエス・キリストも成し遂《と》げることのできなかったこと、すなわち、「愛と発展という二つの考えの融合《ゆうごう》、協調、そして、この世における実現」ということを求めています。さらに、地上で人生修行をしている人間の魂《たましい》を磨《みが》くために、「悟り」という仏教的なことも強く訴えかけています。

これは、いま西洋に欠けているものでしょう。

EPISODE1　万一に備え、ブラジルに旅立つ前に説いた「遺言《ゆいごん》説法」

大川隆法総裁は、ブラジルへ旅立つ直前、万一の場合に備えて、教え残しがないよう、信仰の奥義《おうぎ》に触れる教えを「遺言説法」として説いた上で、決死の覚悟で現地に臨んだ。

（11月2日「エル・カンターレ信仰とは何か」、および11月4日「アルファの法」）

いま、キリスト教とイスラム教は、対立する関係に近づきつつあります。仏教も充分な救済力を持っていません。

それぞれの民族を分かったものは基本的には宗教でしょう。宗教が民族を分かったのであるならば、民族を一つにまとめることもまた、宗教の仕事でなければなりません。

世界の人類を、一つのユートピア郷《きょう》に存在する人間として、幸福な世界に生かすために、私は活動を開始しました。

多くの人々が、この考えに賛同し、新しい救世運動に参画してくださることを望みます。

（『信仰のすすめ』第4章「愛は風の如く――"Love Blows Like the Wind"」から）

ダラス空港

EPISODE2　立ち寄った空港の空き時間に熱望した「緊急説法」

大川隆法総裁がブラジル巡錫《じゅんしゃく》へ向かう途中、給油トランジットで立ち寄ったアメリカ・ダラス空港でのエピソード。総裁の伝道に高ぶる思いは、その4時間待ちの空白さえも惜しまんとするエネルギーに満ち溢《あふ》れ、同行スタッフに、空港前での「緊急説法」を熱望するほどだった。

講演会（追加開催）～ブラジル正心館《しょうしんかん》にて

aulo

▲ブラジル正心館

2010.11.7 sun サンパウロ

São P

サンパウロを中心に広がる都市域は、南半球最大の人口が集中する2千万都市であり、南米経済の中心地でもある。急速な経済発展を遂げる一方、治安の悪さや慢性的な交通渋滞、大気汚染など、多くの問題を抱えている。

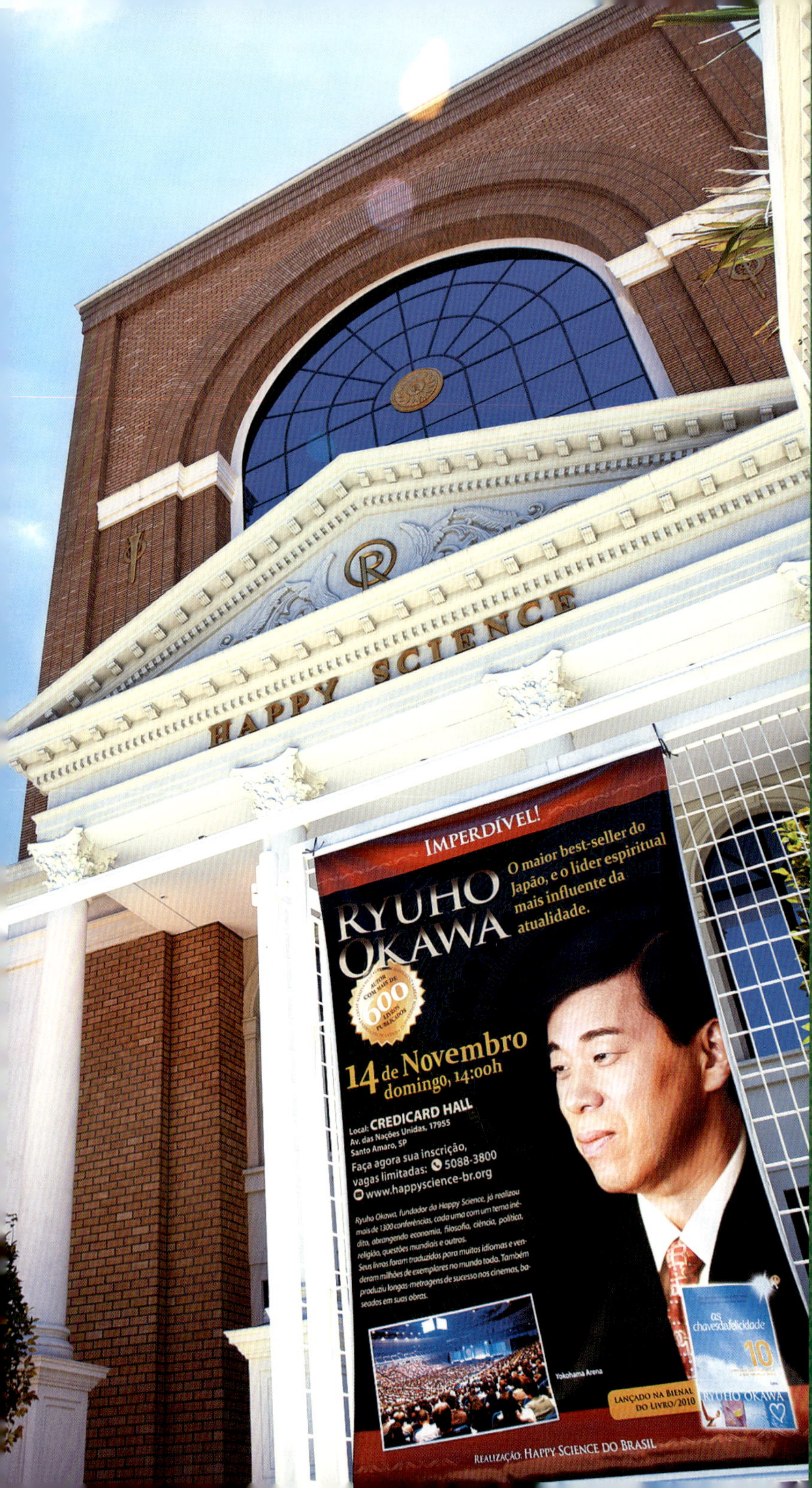

幸福の科学のブラジル正心館《しょうしんかん》は、サンパウロ中心街の地下鉄で五駅目のヴィラ・マリアナ駅で下車、ドミンゴス・デ・モライス通り沿いを徒歩一分。大川隆法総裁のブラジル初の説法はここで行われた。

MISSION 1 SÃO PAULO

Brazil-Shoshinkan

ブラジル正心館

ブラジル到着直後、大川隆法総裁は予定外の説法を追加で行うことを決定。思わぬ追加講演により、いち早く大川隆法総裁との対面が叶った信者たちは、４時間前から会場に詰めかけた。

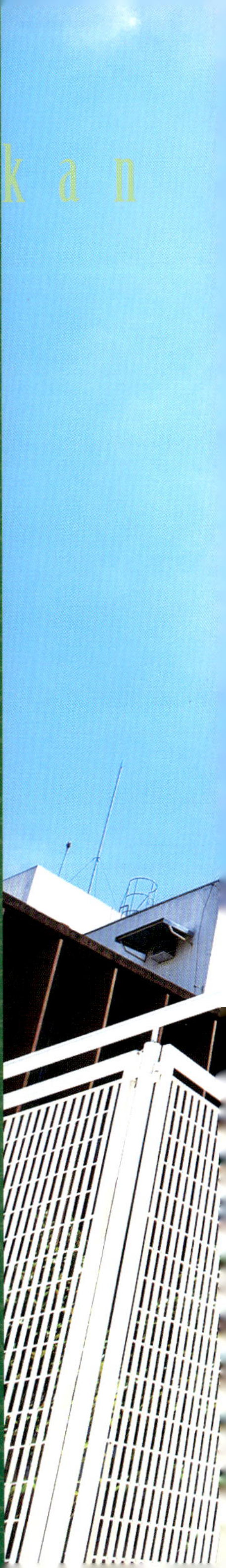

大川隆法総裁 法話

Boa《ボア》 Tarde《タルジ》!（こんにちは）

みなさん、ありがとう。

私が Mestre《メストレ》 Ryuho Okawa です。

神秘の力について
Sobre o Poder Místico

大川隆法総裁 法話 抄録

これから奇跡が次々と起きるだろう

この世では起きてはならないような結果が起きることを、「奇跡」と呼んでいます。その奇跡を引き起こす原因は、ただ一点に要約することができます。それが「信仰」です。

「私がブラジルに来た」ということは、「これから、奇跡を起こすつもりで来た」ということなのです。そういう報告がブラジルから日本に数多く届くようになると信じています。

今、ブラジルでは幸福の科学の信者が急増していますが、ただ増やすだけではなく、そのなかに魂《たましい》を込めてください。思いを込めてください。熱意を

込めてください。「人々を救いたい」という強い心を、その内に宿らせていただきたいのです。

私たちは単に教団の発展だけを願っているのではありません。「正しさ」というものが、この地球を覆《おお》うことを願っているのです。そして、愛が人々の間に結ばれることを心から願っています。人々が、憎《にく》しみ合うのではなく、人々が自らの間違いを悔《く》い改め、他の人々を許し、愛し合う社会をつくることを願っているのです。それが幸福の科学の心からの願いです。

そのために、このブラジルという地も、非常に霊的な磁場を持つ地として選ばれていると私は思うのです。

大川隆法総裁が軽やかに手を上げて会場入りすると、聴衆は次々と立ち上がり、満場の拍手で迎えた。

大川隆法総裁 法話

二十数時間のフライト直後という厳しいコンディションをものともせず、現地の熱い思いに応えられた大川隆法総裁。

開演前から満面の笑みに溢《あふ》れている人、泣きじゃくり、ずっと肩を震わせ続けている人、
法話中ずっと手を合わせ続ける人など、一人一人が感激の瞬間をかみしめる。

大川隆法総裁の書籍が大反響！

サンパウロ・サライーバ書店

サライーバ書店は、全国に100店舗チェーンを展開するブラジル最大の書店。書店入り口には、大川隆法総裁のポスターとともに、総裁著作がショーウインドウに常時展示されるほどの人気ぶり。

大川隆法総裁が現地書店を視察

11月9日、大川隆法総裁は、巡錫の合間を縫《ぬ》って現地書店に立ち寄り、続々とベストセラーになっているポルトガル語版の総裁書籍がディスプレイされている様子を視察した。

ここ数年、ブラジルでは大川隆法総裁の知名度がいちだんと高まっている。その背景には、総裁書籍の熱心な愛読者が増えていることも要因の一つ。

現在、ポルトガル語版の書籍は十冊以上刊行され、「大川隆法総裁

ブラジルで

海外で熱心な愛読者が激増！

店内あちこちに
美しくディスプレイ
された書籍

▲ポルトガル語版
『幸福への鍵』
『幸福の法』
『常勝思考』

◀ポルトガル語版
『永遠の法』
『幸福の原点』

A SARAIVA MEGASTORE
CONVIDA PARA A PALESTRA
SOBRE O NOVO LIVRO DE
RYUHO OKAWA
temas:
• Os mistérios do amor
• Como superar sofrimentos e dificuldades
• Os segredos e poderes da oração
• A lei que rege a mediunidade
novo!
RYUHO OKAWA
Mensagens de JESUS CRISTO
Ryuho Okawa já publicou 506 livros. Todos os anos seus lançamentos se tornam best-sellers no Japão.
6/maio
quinta-feira
15:00 às 16:00h
19:30 às 20:30h
Saraiva MegaStore
Shopping Ibirapuera
Sorteio de Livros e CDs!
Saraiva
Pensamento

書店のポスター

の教えには、心の問題を自分自身で解決する方法が明快に説かれていて、たった一冊で人生が大きく変わった」という人が続出。その救済力の高さを実感し、幸福の科学に入会する人が多くなっている。

新刊を発刊すると、あっというまに売り切れてしまう大川隆法総裁の書籍は、書店でも別格の存在として、店内各所にさまざまスタイルで陳列《ちんれつ》されている。

「大川隆法書籍セミナー」を定期開催
レジは総裁書籍を買い求める人々が長蛇の列

『幸福の原点』発刊記念セミナー

大川隆法総裁の悟りのエッセンスが随所《ずいしょ》にきらめく入門書『幸福の原点』。テレビ CM やチラシなどでセミナーの開催が告知されると、朝 7 時前から予約の電話が殺到した。

『永遠の法』発刊記念セミナー

大川隆法総裁の霊的世界観が説かれた『永遠の法』。キリスト教では学んだことのない精緻《せいち》な霊界構造にカルチャー・ショックを受けるブラジル人は多い。

MISSION 1 SÃO PAULO

エピソード

サンパウロ最大のサライーバ書店内で

サライーバ書店では、大川隆法著作の魅力を紹介するセミナーを、二〇〇六年から定期的に開催。知れば知るほど、さらに深く知りたくなる魅力的な教えのポイントが分かるとあって、書店内で行う書籍セミナー会場は、毎回、立ち見が出るほどの人気ぶり。大川隆法総裁の説法映像を観ることができる。セミナー後は、レジ前に総裁書籍を買い求める人々で長蛇の列ができる。教えに感動した参加者のなかには、他の人にもプレゼントしようと、一人で何冊もまとめ買いする人の姿も。

「著者が訪問!」と書店員がＰＲ
大川隆法総裁が書店を視察した翌月のセミナーでは、書店員が「先月、この本の著者がここを訪問されたんです!」というエピソードを参加者に紹介。店内には著者訪問のビッグ・ニュースが語り続けられていた。

大川隆法総裁の新刊書籍を伝えるチラシ。

大川隆法総裁の主なポルトガル語版書籍

『太陽の法』

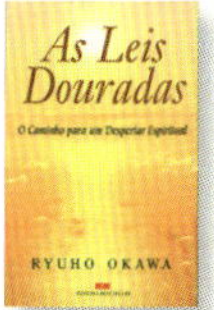

『黄金の法』

『永遠の法』

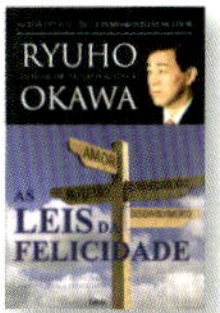

『幸福の法』

『仏陀再誕』

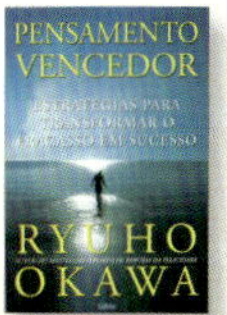

『常勝思考』

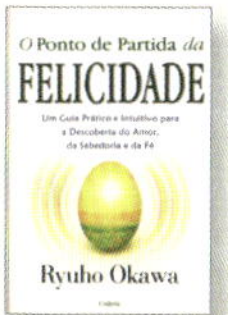

『幸福の原点』

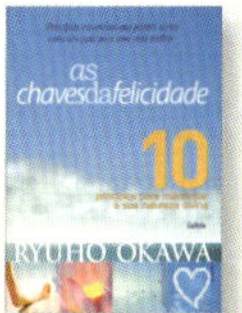

『幸福への鍵』（十大原理）

『イエス・キリストの霊言』

ブラジル巡錫《じゅんしゃく》での説法が収録された『真実への目覚め』のポトガル語版も近日発刊予定。

講演会（追加開催）
～ソロカバ支部にて

MISSION 2
NOVEMBER 9 2010
SOROCABA

caba

ソロカバ中心街方面を望む

2010.11.9tue ソロカバ

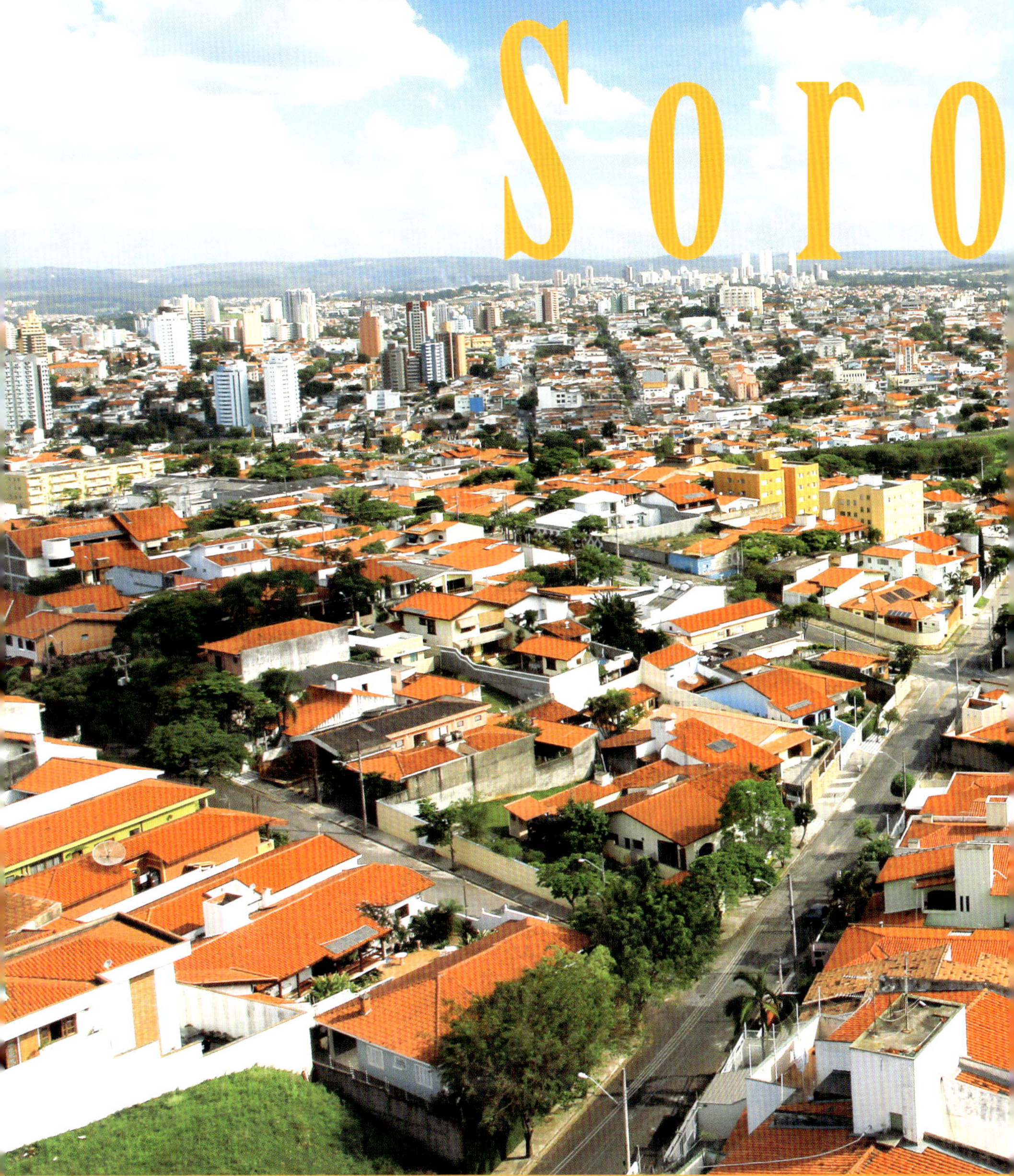

サンパウロの西に位置するソロカバ方面は、日本のトヨタや韓国のヒュンダイなどの自動車産業が進出し、近年、工業都市として急速に発展しつつある、活気のある街。大川隆法総裁は、この地まで遠征しての追加講演を決定した。

Local Branch

現地の熱心な会員が無償で提供するビルをソロカバ支部として使用。

ポルトガル語版
『常勝《じょうしょう》思《し》考《こう》』

ソロカバ支部での説法テーマに選ばれたのは、「常勝思考の力」。大川隆法総裁のベストセラー『常勝思考』のポルトガル語版は2008年8月に発刊。書店でセミナーが行われるほど大人気の成功論だ。

サンパウロ市から西へ92キロ走ると、ソロカバに到着。日本では東京—宇都宮間に相当するが、広大なブラジルでは「都心からほど近い街」という感覚。

あふれる聴衆たち。

講演当日は、本会場となった礼拝室をはるかに超える人が集まり、4階建てのビルの全フロアをモニター会場として開放。一人でも多く参加できるようにと、ビル中がすし詰めになるほど賑《にぎ》わった。

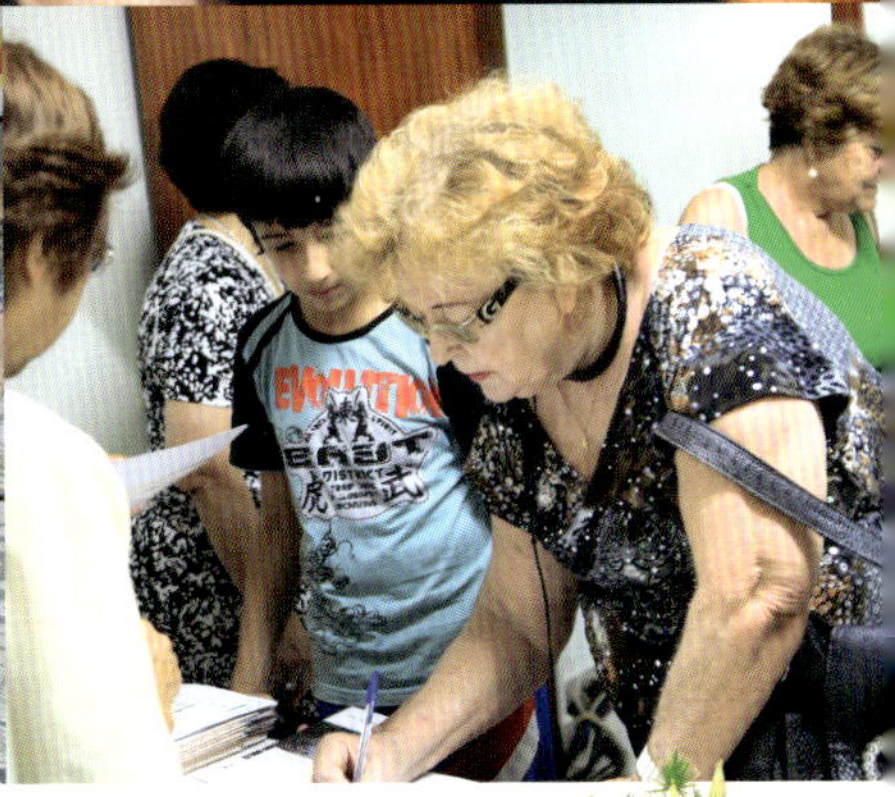

追加講演が決まったのは、前日の11月8日。まったく予想していなかったビッグニュースに、ソロカバ支部のメンバーは喜々として準備を急ぐ。
支部の奥から椅子を引っ張り出し、一つひとつ雑巾で磨き上げていた30代男性は、「全部きれいにしないと、先生に失礼でしょう?」と笑顔で語った。

at Sorocaba Local Branch

颯《さつ》爽《そう》として現れた大川隆法総裁。

会場後方から大川隆法総裁が現れると、ブラジル正心館の講演と同じく、聴衆は自然と総立ちに。歓喜の声と大拍手で総裁を迎えた。

大川隆法総裁 法話

常勝思考の力

O PODER DO PENSAMENTO VENCEDOR

「人生で出合う、すべての出来事を、
自分を磨《みが》く材料にする。
自分を成長させる種にしていく」
という気持ちで
生き渡っていくならば、
みなさんは
成功の道を歩むしかないのです。

大川隆法総裁 法話 抄録

人生の出来事すべてを自分を磨く材料とせよ

「常《じょう》勝《しょう》思《し》考《こう》」の本質は何であるかというと、結局、「この世は人生学習の学校なのだから、成功しようと失敗しようと、そのなかからプラスの結果を導いていくことが大事である」ということです。

努力した結果、成功したならば、それを素直に喜んでよいのです。ただ、それで自惚《うぬぼ》れるのではなく、その成功の喜びを他の人に分け与えていくことが大事です。また、今後、自惚れによって失敗しないように、謙虚であることを心掛け、精進《しょうじん》を積み重ねなければいけません。

一方、失敗した場合には、「この失敗のなかに次の成功の芽があるのだ」ということを知り、「この失敗が、天命、天意、神の心として、今、自分に何を教えようとしているのか」ということを考え、そのなかから教訓を学び取ることが大事です。

こういう姿勢で人生を生きている者は、「人生に敗北などないのだ」と言い切ることができます。「人生で出合う、すべての出来事を、自分を磨《みが》くための材料、自分を成長させる種にしていく」という気持ちで生き渡っていくならば、みなさんは成功の道を歩むしかないのです。そして、「強い自分」というものを、自分自身でつくり出していくことができるわけです。

Q & A

Q 創造主は、何の目的で私たちを創ったのでしょうか。

A 創造主は、それだけで存在していたならば、何の発展も幸福もありません。だから、数多くの魂を創り、この宇宙を創ったのです。それは神の芸術でもあると、私は思います。宇宙のさまざまな生命は、神の〝花〟なのです。花壇には、たくさんの花、それもいろいろな種類の花が必要なのです。

創造主は、その花の成長に幸福を感じ、花壇の多様性、たくさんの花が咲く姿、その多様性を喜んでいるのです。

宇宙の美とは、生命の多様性から来るものです。そして、生命の多様性や、生命の変転、進化が神の喜びなのです。また、創られた者の喜びでもあると、私は思います。

Voice

私が、**幾転生《いくてんしょう》してきたなかで、きっといちばん幸せだった日**でした。至福、人が受けられる最大のものを、今日、頂きました。

総裁先生が私たちの身近にいてくださるだけで、心の奥底から満たされました。**エル・カンターレは、私の「父」です。**私はまだ未熟だけど、説かれている教えを一つ一つ学んで、父の伝えてほしいことを伝えていきます。（50代女性）

Q 『聖書』の「アンチキリスト」とはどんな存在なのでしょうか。

A イエス以後も、新しい宗教が次々と出てきていますが、それらがすべてキリストの考え方に反するとは私は思っていません。

例えば、キリスト教では、いろいろな霊界《れいかい》思想が出てきたのですが、それらは、ことごとく、異端《いたん》思想として排除《はいじょ》されていきました。

しかし、生前のイエスは霊的な話もかなりしています。教会が『聖書』を編集していく過程で、かなり整理をしたものと思われます。

「その教えが正しいか間違っているか」を判断する基準は、イエス自身が言った言葉そのもののなかにあると思います。それは、「よい木かどうかは、どのような果実を結ぶかによって判断する以外にない」ということです。

Voice

とってもとっても、素晴らしかったです。**先生のお言葉が心に深く深く響き、感動**しました。先生のお言葉はすべて真理で、謙虚さを感じました。(30代女性)

Voice

魂《たましい》を浄化するお話にとても深い学びを感じました。先生のお言葉に感化され、とても元気になりました。(20代男性)

Voice

教え、愛、感動……。この三つでも言い尽くせない時間でした。先生を見た時から、鳥肌が立って、**心臓がドキドキして**、立ち上がることができませんでした。

何とかして先生にお礼を言いたかったのですが……。改めて三帰誓願《さんきせいがん》の意味を聞かされたような御法話。そのすべて、最初に言葉を発されてから、体が軽くなっていきました。(30代男性)

笑顔、喜び、感激のHug！

講演後、大川隆法総裁がすべてのフロアに足を運ぶと、聴衆のテンションはピークに。

Voice

こんなに嬉《うれ》しいことはありません。奇跡です。**先生は、私たちが会いたいと思っている以上に会いたいと思ってくださっている**んですね。優しくて、穏《おだ》やかで、幸福で……。もう一生お会いすることなんて叶《かな》わないと思っていたのに……。（70代男性）

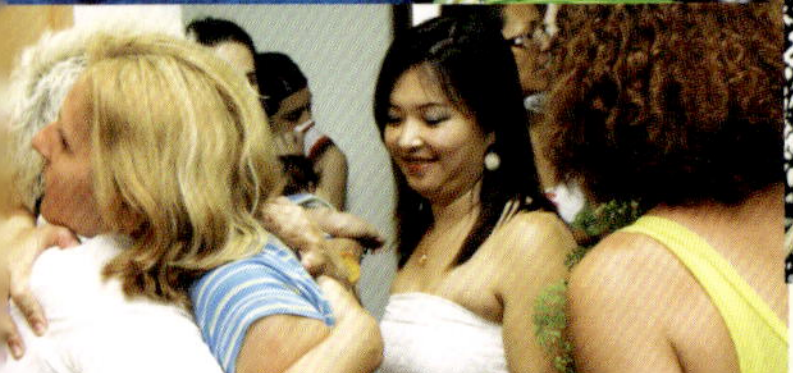

各階のモニター会場にも人がぎっしり。

Voice

苦しみはただの苦しみではなく、私たちの向上、魂修行のために存在すること。**失敗は自分自身の責任であり、私たちの行動がそれを引き寄せること**を学びました。（40代女性）

Voice

すべてのお言葉が心に響きました。**先生の柔《やわ》らかな雰囲気、優しいお心、そして、人々を導かれる智慧《ちえ》**を感じました。これから、私の人生は明るく、愛あふれる人生になると思いました。（20代女性）

大川隆法スピリチュアル・ブーム

霊との対話に衝撃を受けるブラジルの人々

ブラジルで関心の高いテーマの一つがスピリチュアル。
大川隆法総裁の巨大な霊的能力と、総裁が説かれる精緻《せいち》な霊的世界は、
ブラジルの人々に衝撃を与え続けている。

大川隆法総裁は、ソロカバ支部の法話で、※ブラジルで有名な霊能者の霊と対話したエピソードに触れた。

「彼は死んで八年ぐらいなので、まだ霊界のことを十分に理解している状態ではなく、本来、自分が悟るべきところまでは行っていないようでした。私は、古代ダマスカス語で話しかけて、『あなたは、その時代に生きていたでしょう』という話をし、向こうも、それに合わせた言葉で言っていたのですが、転生輪廻《てんしょうりんね》については、はっきりとは理解できないような状態だったので、勉強する時間がもう少し要るのではないかと感じました」

※シッコ・シャビエル
2002年に亡くなったブラジル人の有名霊能者。自動書記による霊界通信や守護霊との交流ができたとされる。その生涯は、生誕100周年を記念して2010年に映画化。

コラム

ブラジルで

イエス・キリストの霊言を発刊

「イエスが『わが父』と呼んだ至高の存在、主エル・カンターレについてもっと知りたい」という問い合わせが殺到。

霊言とは、悟りを開いた人に現れる霊現象の一つで、さまざまな霊的存在を呼び出し、その思いを言葉に翻訳する能力。2010年、大川隆法総裁は、150名に及ぶ霊存在との対話を収録。霊言集は年間で42冊が書店で発刊。

大川隆法総裁はブラジル正心館《しょうしんかん》の法話「神秘の力について」で、イエスとの霊的な関係について明かした。

「二千年前、彼が地上に下《お》りていたとき、天上界から、いろいろなインスピレーションを与え、方向を与えていたのは私です。今は私が地上に生まれているので、イエスが、いろいろなインスピレーションを与えてくれています」

効果絶大のエクソシズム

2010年のブラジル正心館の御生誕祭では、大川隆法総裁が降ろした降魔《ごうま》の秘儀《ひぎ》「悪霊封印秘鍵《あくりょうふういんひけん》」を初開示。「いわゆる霊障状態の方が、その場で、突然、善い人に変わった」等の事例が報告された。

過去世を見抜くリーディング

サントス市でのスピリチュアルセミナーでは、大川隆法総裁の法話「霊界の秘密」を上映。「私も、みなさんの過去世を、千年前、二千年前、あるいはそれ以前にまで遡ることはできます。一万年ぐらいまでは遡《さかのぼ》ってみることが可能です」という話には、参加者から「おおー！」と感嘆のどよめきが。もっと学びたいと、百数十人が入会を決意した。

主を信じ、わずか2カ月で消えた腫瘍《しゅよう》

信仰の力が私を救った！

体験
FROM SÃO PAULO

法話《ほうわ》「神秘の力について」で、大川隆法総裁が、「これから続々と奇跡が起きるでしょう」と説かれたとおり、ブラジル信者にも数多くの奇跡的事例が起き始めている。病気が治ったスエリ・ジ・モライスさん（47歳）の体験を紹介。

Eu amo El Cantare

大川隆法総裁との対面が叶ったモライスさん（写真左の女性）

「卵巣嚢腫《のうしゅ》で手術が必要」と言われて

二〇〇八年十一月、私は医師から「卵巣嚢腫《のうしゅ》という病に侵《おか》されている」と告げられました。腫瘍《しゅよう》の大きさは三センチを超え、その日から緊急《きんきゅう》の投薬治療《とうやくちりょう》を受けることになりました。

五カ月後に受けた再検査の結果は最悪でした。

「腫瘍は以前の一・五倍ほどに膨《ふく》らんでいます。手術をしなければいけないかもしれません」

途方《とほう》に暮《く》れた私は、幸福の科学のソロカバ支部へ向かい、支部長に相談してみました。

支部長は私に、主の御法話「健康と幸福」を拝聴《はいちょう》させてくれました。

「その人の考え方や心の状態と、病気とは、かなり相関《そうかん》するものがある」という主の言葉が特に強く印象に残りました。

「もしかしたらあなたの心のなかに、引っかかっていること、許せないことがあるのではないですか？　そうしたものがあるなら、自分の心を見つめて過去を解放してあげてください」

　支部長のアドバイスをもとに、私は信じる気持ちを強め、病気を治《なお》そうと決心しました。

　それから毎日、主の経典《きょうてん》を読み、幼少時《ようしょうじ》からの人生をふり返っていくと、十年ほど前に離婚《りこん》した前夫との関係にいきあたったのです。

怒《いか》りと葛藤を超えて

　前夫は、普段は温和《おんわ》で善良《ぜんりょう》な人でしたが、飲むと人が変わったように暴《あば》れ出します。一度は、痣《あざ》が残るほど強く首を締《し》められ、意識をなくしたこともありました。彼の暴力《ぼうりょく》は、時折《ときおり》、子供に向くこともあり、私は体を張って必死でかばい続けていました。

　結局、彼とは離婚しましたが、その後も、恨み心と、彼を見捨ててしまったことへの罪《ざい》悪感《あくかん》とが、私の心を縛《しば》り続けていたのです。

　しかし、真理に照らして反省するうちに、次第に前夫への怒りは解けていきました。

（ひどいこともあったけど、あの人にも仏性《ぶっしょう》はあった。悪意ではなく、辛《つら》いことから逃げたいだけの、弱い人だったんだ……）

　彼の気持ちが理解できるようになったとき、すごく心が軽くなり、気持ちは落ち着いて、心に平和が戻ってきたのです。

腫瘍が消えた！

　支部長との面談から二カ月後、私は再び検査を受けることになりました。すると――

「検査の結果は、まったく正常です！」と、医師が驚《おどろ》きの声をあげました。この間、医療的な治療はせず、私は霊的修行《れいてきしゅぎょう》を重ねただけでした。信仰の力は、確かに私を救ったのです！　私は改めて、主エル・カンターレを信じる偉大さを実感したのです。

講演会 ～ジュンジャイ支部精舎《しょうじゃ》にて

diaí

ジュンジャイ支部精舎

2010.11.10 wed ジュンジャイ
Jun

ジュンジャイ市はブドウの産地として有名な農業地域。近年、サンパウロのベッドタウンとして人気を集め、着々と都市開発が進む、発展中の街である。この地において、大川隆法総裁は「幸福」をテーマに選び、講演を行った。

Jundiaí - Local Branch

ジュンジャイ支部精舎《しょうじゃ》に到着した
大川隆法総裁を信者一同が迎える。
心づくしの花道は精舎の入り口へ。

大川隆法総裁 法話

at Jundiaí Local Branch

幸福への道
O Caminho para a Felicidade

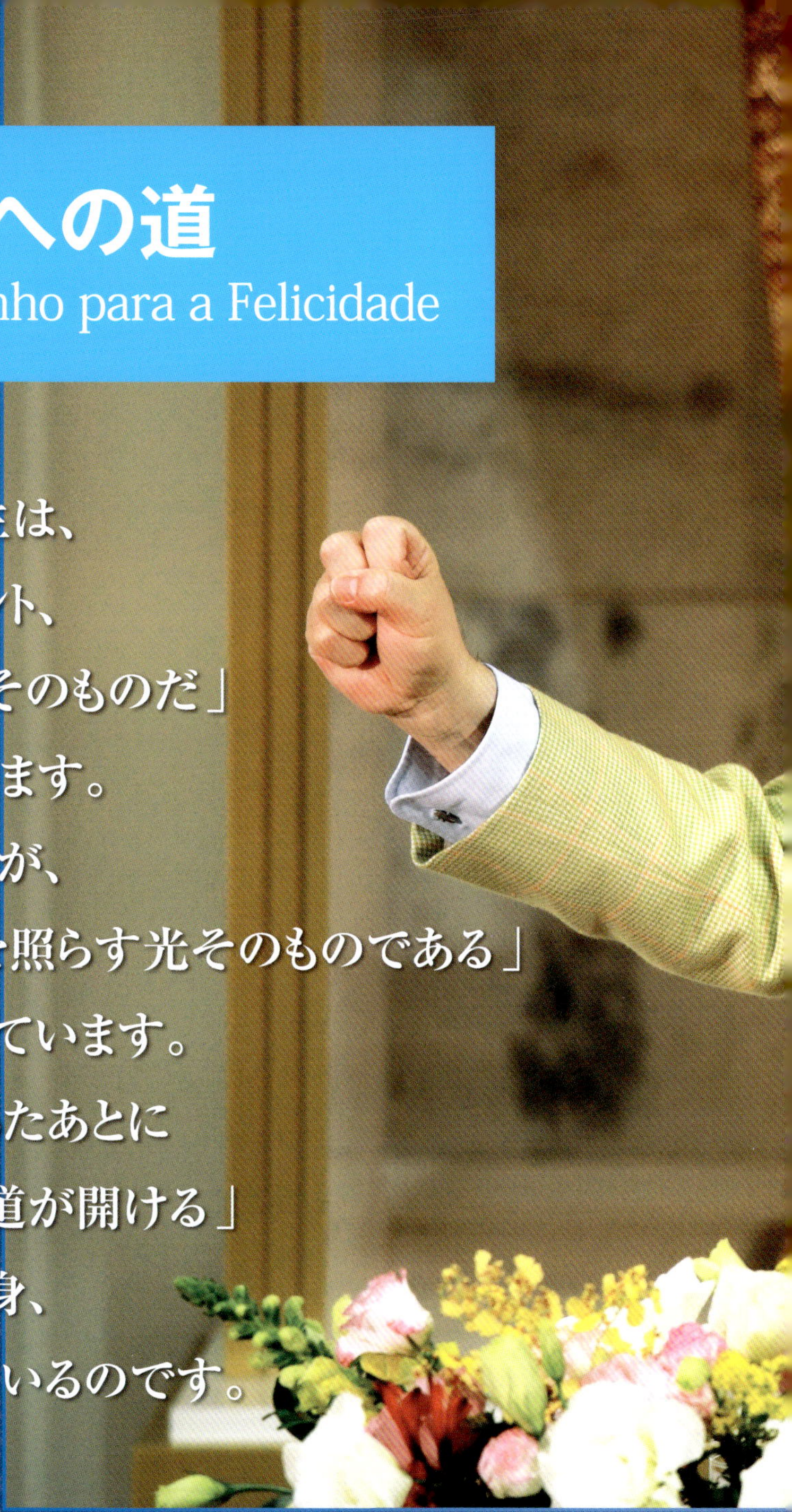

「私の人生は、
百パーセント、
神の計画そのものだ」
と思っています。
「自分自身が、
この地上を照らす光そのものである」
と固く信じています。
「私の通ったあとに
幸福への道が開ける」
と、自分自身、
強く信じているのです。

大川隆法総裁 法話 抄録

与える愛の実践のなかに幸福への道が開けてくる

私が説いている宗教における人間像は、従来からある数多くの宗教に比べると、はるかに強いものです。神とは「光」です。神は「光そのもの」です。その光の一部がみなさんに宿っているのですから、みなさんは、もっと自分自身に自信を持たなくてはなりません。

本来のみなさんは、もっともっと力強い存在です。もっともっと可能性に満ちた存在なのです。もっともっと自分自身を変えていく力を持っているのです。

本会場に入りきらないために、モニター会場で拝聴する人々。

実は、自分自身が幸福になろうと思っても、幸福にはなれません。「世の人々を幸福にしよう」という強い願いを持って生きること、他の人々に愛を与えて生きんとすること、その道のなかに、みなさんの幸福は開けていくのです。

それ自体が、「人間は、幸福になる権利ではなく、幸福になる義務を持っている」ということでもあるのです。

私が、今、このブラジルの地に来て説法をしているのは、現に生きているみなさんのためだけではありません。みなさんのお子さんやお孫さんの時代において、この国が世界を照らす光となるために、その種まきにやってきているのです。

あとに続いてくる人々のために、みなさん自身が幸福の実践者になってください。

Q 「主エル・カンターレ」とは、どのようなご存在なのでしょうか。

A エル・カンターレとは、「地球の光」という意味です。「この地球上に生きる、生きとし生けるもののすべてを幸福にする」ということを目的にしている霊存在がエル・カンターレなのです。

私自身は、そのエル・カンターレの魂《たましい》の中心部分に近い一部が肉体に宿った存在です。この地上に生まれている私がエル・カンターレのすべてではありません。私には天上界《てんじょうかい》に残された魂の部分もあります。なぜなら、霊体としての使命が大きすぎるので、地上の人間として、すべての機能を有することができないからです。霊的存在としての力は、もっともっと大きなものを持っています。

世界の大きな宗教のほとんどに関係している存在だと考えていただいて結構です。

古くからの信者でもある元・ジュンジャイ市長からは政治家らしい質問が。

Q 私は、政治家として、市民に幸福を与えるためにどのような貢献ができるのでしょうか。

A 政治家とは、とても創造的な仕事です。「この世にある材料を使って、いかなる可能性の芸術をつくり上げるか」ということが大事です。心に強く描いた未来のビジョン、「未来はこうなるべきだ」という姿を現実化する仕事を実行できる立場にあるのが政治家なのです。

政治家として最も上に立つ人は、神様の側《そば》近くにある人でなければいけないのです。言葉を換えて言うとするなら、「徳のある人でなければいけない」ということです。「一人でも多くの人を愛せる人間、そういう器を持った人間」ということです。

ぜひとも、そういう政治家になり、この国の未来を拓《ひら》くための大いなる力になっていただきたいと思います。

Voice

とても素晴らしい教えで、感動しています。**マスター・オオカワに質問する機会をいただけて、本当に光栄です。**マスターのお答えはとても参考になり、本当に感動いたしました。（元・ジュンジャイ市長、現・国会議員）

Voice

先生は「最上の方」であり、「最初にして最後の一点」という存在だと思っています。その**先生が、ブラジルに来られてから、この国の未来が変わっていっている**と肌で感じています。今日、私たちの〝家〟で先生が話された言葉は、**必ずや未来に根を張り、世界を照らすものだと信じています。**（50代女性）

満場の拍手に笑顔で応える。

今日は人生最良の日、いつまでも余韻《よいん》に浸《ひた》っていたい——。

体験
FROM JUNDIAÍ

ジュンジャイ支部精舎建立《しょうじゃこんりゅう》ストーリー

海外初の精舎建立を成就させた 主を信じる心

ジュンジャイ支部精舎は、ある女性信者の熱烈な信仰心から生まれ、
今に至る発展の源流となった。原田エリーザさん（74歳）の信仰の道をたどる。

Harada Eliza
原田エリーザさん（ジュンジャイ支部）

Eu amo El Cantare

幸福の科学の総本山の前で泣き崩れて……

一九九六年十二月、来日した原田エリーザさんは、栃木県宇都宮市にある幸福の科学の総本山・正心館《しょうしんかん》に初めて参拝した。

バスを降り、その荘厳な姿を目の前にした途端、正心館の階段下で泣き崩れた。

「なんてきれいで、ありがたいことなんでしょう。主エル・カンターレに、本当に、お祈りをお許しいただいている空間なんだということが、建物を見た時に分かりました。本当に、感謝で感謝で……」

信仰という純粋で尊いものの上に、自分が立っているような気がしていた。それを自分が穢《けが》さないように、そろそろと歩いた。そして、こうも感じた。

（こんな聖なる場所がブラジルにあれば、どれだけの人を幸福にするだろう）

外観を総本山・正心館の外観をモデルにし、1998年に建立された海外初の精舎。2009年に改修し、エル・カンターレ像を安置、ジュンジャイ支部精舎として再落慶《らっけい》した。

そのとき感じた気持ちは、帰国後、さらに膨《ふく》らんでいった。エリーザさんは日々の祈りに思いを託《たく》した。毎朝・毎晩の祈りは三時間を超えることもあった。多くの人がエル・カンターレと出会って幸福になってほしい――。

帰国してから三カ月後。エリーザさんのもとにイイシラセが舞い込んできた。

「ママ、僕、寄進するよ」

二男・スエザさんが、土地の寄進を申し出

たのだ。続くように、精舎建立《しょうじゃこんりゅう》の協力者は次々と現れた。スーパーのビニール袋に三万レアル（建立に必要な資金の約十五パーセント）を入れて訪れる人もいた。

　こうして、エリーザさんが帰国して五ヵ月で、工事が始まった。

信者が皆、建築作業に加わった

　しかし、季節は雨季。雨が続き、コンクリートは固まらず、工事はほとんど進まなかった。見るに見かねて、エリーザさんは地元の信者とともに、工事現場で建築作業を手伝うことにした。レンガを積んだり、建築資材を運んだり、壁にペンキを塗《ぬ》ったり。一家総出で作業に当たる家族の姿もあった。

　その姿を見て、職人たちも変わっていった。

「貸してみな。ペンキはこう塗るんだ」

　現場は次第に熱を帯び、落慶日が近づくと、

ジュンジャイ支部精舎 建立の歩み

着工後しばらく経ったころの状態。この状態が半年近く続いた。

週末に建築作業を行うブラジルの信者。

職人は泊まり込みで作業を行い、それは週末にも及んだ。最後の作業が終わったのは、落慶日の当日、朝六時のことだった。

「こんな素晴らしい仕事は初めてだった。美しい仕事ができた。ありがとう」

すべてをやり遂《と》げた職人は、エリーザさんたちの手を強く握り、朝ぼらけのなかを悠々と帰っていった。そして後日、彼らも入会。

落慶式には、ブラジル全土から信者が集い、二百五十人が入れる礼拝堂《らいはいどう》に立ち見が出た。一同が読誦《どくじゅ》する経文《きょうもん》を聞きながら、エリーザさんは肩を震わせた。

それから十数年。ブラジルの伝道は爆発的に広がり、支部も今では八カ所に広がった。

「この、新しい教えに、一人でも多くの方が参加してくださることを、今、お祈りさせていただいています」

一人の女性の信仰が種子となり、今、ブラジルの地は大きな花を咲かせようとしている。

現在のジュンジャイ支部精舎。

1998年の落慶式の様子。1000キロメートル離れた場所から参加した人も。

講演会 ～ブラジル正心館《しょうしんかん》にて

スマレー駅付近からサンパウロ中心市街を望む

2010.11.12 fri サンパウロ

São P

大川隆法総裁のブラジル巡錫も、残すところ、あと2日となったこの日、講演会場は再びサンパウロ市街のブラジル正心館へ。大気汚染によるスモッグで空が薄曇っていることも多いが、講演の日は見事に晴れ渡った。

Brazil-Shoshinkan

ブラジル正心館

南米初の幸福の科学の精舎《しょうじゃ》・ブラジル正心館は、高さ11メートルの吹き抜けとアーチ状のカーブが美しい礼拝堂《らいはいどう》を持つ聖なる空間。

高鳴る心を落ち着けて 開演直前の祈り──。

受付で同時翻訳のヘッドセットが配付される。

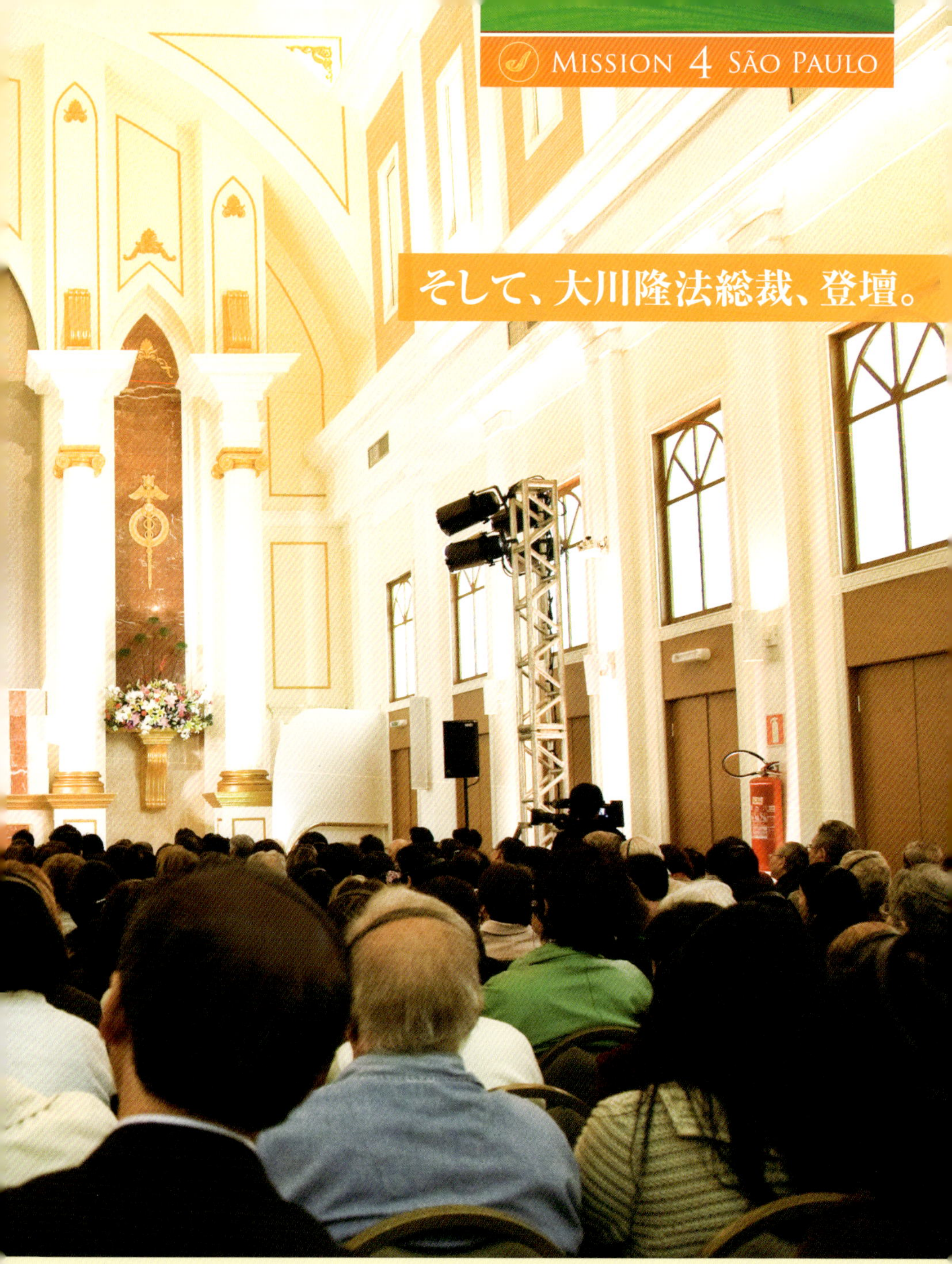
そして、大川隆法総裁、登壇。

at Brazil Shoshinkan

主と同じ空間に存在するという永遠のなかの一瞬を、
感無量の思いで迎える聴衆。

大川隆法総裁 法話

人間は、
自分自身を変え、
自分自身をつくり、
自分自身の未来を夢のあるものに
変えていくことができるからこそ、
神の子であり、仏の子であると
言われるのです。

真実への目覚め
DESPERTANDO PARA A VERDADE

大川隆法総裁 法話 抄録

「四正道《よんしょうどう》」を守って生きれば必ず天上界に還《かえ》れる

霊的世界のマスターでもある私が人々に教えるべきことは、「この教えについていったならば、この世を去るときに、必ず幸福な世界に還《かえ》ることができる」という原理です。

天国、つまり天上界《てんじょうかい》に還る人の特徴は何でしょうか。もちろん、最も大切なのは、「正しい信仰を持っている」ということです。その正しい信仰のなかにあるものとして、私は、今回、「幸福の原理」というものを教えています。「人間が幸福になるための原理」として、四つの道、「現代の四正道《よんしょうどう》」というものを教えてきました。

「幸福の原理」とは、「愛」「知」「反省」「発展」の四つの原理です。

この四つの教えを守って生きているかぎり、みなさんは必ず天上界に還ることができます。それは、何らかの他力によって救われるということではなく、自分自身で天上界に還ることができるようになるのです。

人間は、自分自身を変え、自分自身をつくり、自分自身の未来を夢のあるものに変えていくことができるからこそ、神の子であり、仏の子であると言われるのです。

この教えを他の人に伝えてくだされば、最低限、幸福の科学の言おうとしていることは伝わります。その意味で、これは非常に基本的で大事な教えであり、全世界に共通する教えであると思っています。

Q & A

Q 私は人生の使命が二つあるように感じられます。同時に二つの使命を持つことも可能でしょうか。

A あなたのような二十代の人は、二つではなく、もっと多くの使命を抱いても構いません。若い人には、いろいろな可能性を試す権利があるのです。

しかし、しだいに、自分の本来の使命というか、一つの才能が強く出てくるはずです。そして、道が一本になっていくわけです。

今は、かなり平均寿命が延びたので、七十歳や八十歳で、第二、第三の人生を歩む人もいます。

ただ、「人間の能力は数多くあるように見えても、最終的には、一つのことしか一流のレベルまでは行かない」ということだけは知っておいてください。

Q 死刑制度について、どのように考えたらよいのでしょうか。

A この世で犯罪行為によって人殺しをした場合には、死後、地獄界に行くことになると思いますが、死刑になることによって、いわば借金の一部が払われた状態になることもあります。「犯罪者であっても、この世で罪の代償《だいしょう》を支払うことによって、来世での罪が多少なりとも軽くなる」という現実があるのです。

「凶悪犯罪が少なくなっていない国においては、まだ死刑制度を残しておいたほうが、犯罪予防のためによいのではないか」と思います。最終的に、私は、この地上に平和な天国的社会をつくりたいのですが、現実的には、やはり、犯罪を少なくしていく努力をしなくてはいけないのです。

Voice

御法話を拝聴して心に描いた夢は、**「玄関の鉄格子が排除され、自由に町を歩き、みんなが調和して住んでいる夢」**です。（70代女性）

Voice

先生の飾らないお姿が素晴らしかったです。特に質疑応答の際には、本当に御慈悲を感じました。同時に、**先生のユーモアがとてもよかった**です。（40代女性）

Voice

反省こそが自分を救うというお言葉が強烈でした。天国への道がそこにあり、真理の探究そのものであることが分かりました。（60代男性）

心からの感謝を込めて、説法を終えた大川隆法総裁を拍手で送る信者たち。
どの表情も晴れやかだ。

主とお会いすることができて、もう最高！

南米大陸初の精舎《しょうじゃ》
ブラジル正心館《しょうしんかん》 建立《こんりゅう》ストーリー

大川隆法総裁が2回にわたって講演を行ったブラジル正心館は、2010年春に落慶した南米大陸初の精舎。エル・カンターレ信仰を深める聖なる空間として、さまざまな宗教儀式、研修、祈願等を執り行っている。

3F法談処

2Fセミナールーム

1Fレセプションルーム

礼拝堂

ブラジル正心館は、二〇〇八年五月に起工。一日も早くの落《らっ》慶《けい》が心待ちにされていたが、竣工《しゅんこう》までに、実に約二年もの月日を要した。たび重なる天候不順による工期の遅れに加え、二〇〇九年八月と九月には、ピストルを持った盗賊《とうぞく》が侵入する事件が発生。現場の人々は無事だったものの、工具をとられる等の被害を受けた。

以後、現地の信者は、「主の御光が降りる場所を、これ以上荒らされてはならない」と結束し、「この地にエル・カンターレ信仰を必ず打ち立てる」という思いをいっそう強めるため、毎日、主への祈願を欠かさず、24時間体制で警備をしながら建立《こんりゅう》を続

建立中の様子

コラム

落慶を全面で伝える現地新聞

ニッケイ新聞2010年5月22日付

(5) 特集 第3030号 ニッケイ新聞 2010年 5月22日(土曜日)

幸福の科学 「地の果てまでも伝道《でんどう》せよ」

精舎落慶、1千人が祝う

南米布教の拠点が誕生

ごあいさつ

ご来賓「エル・カンターレ」の前に約1千人が集まった

ブラジル支部の連絡先

ブラジル正心館フロア図

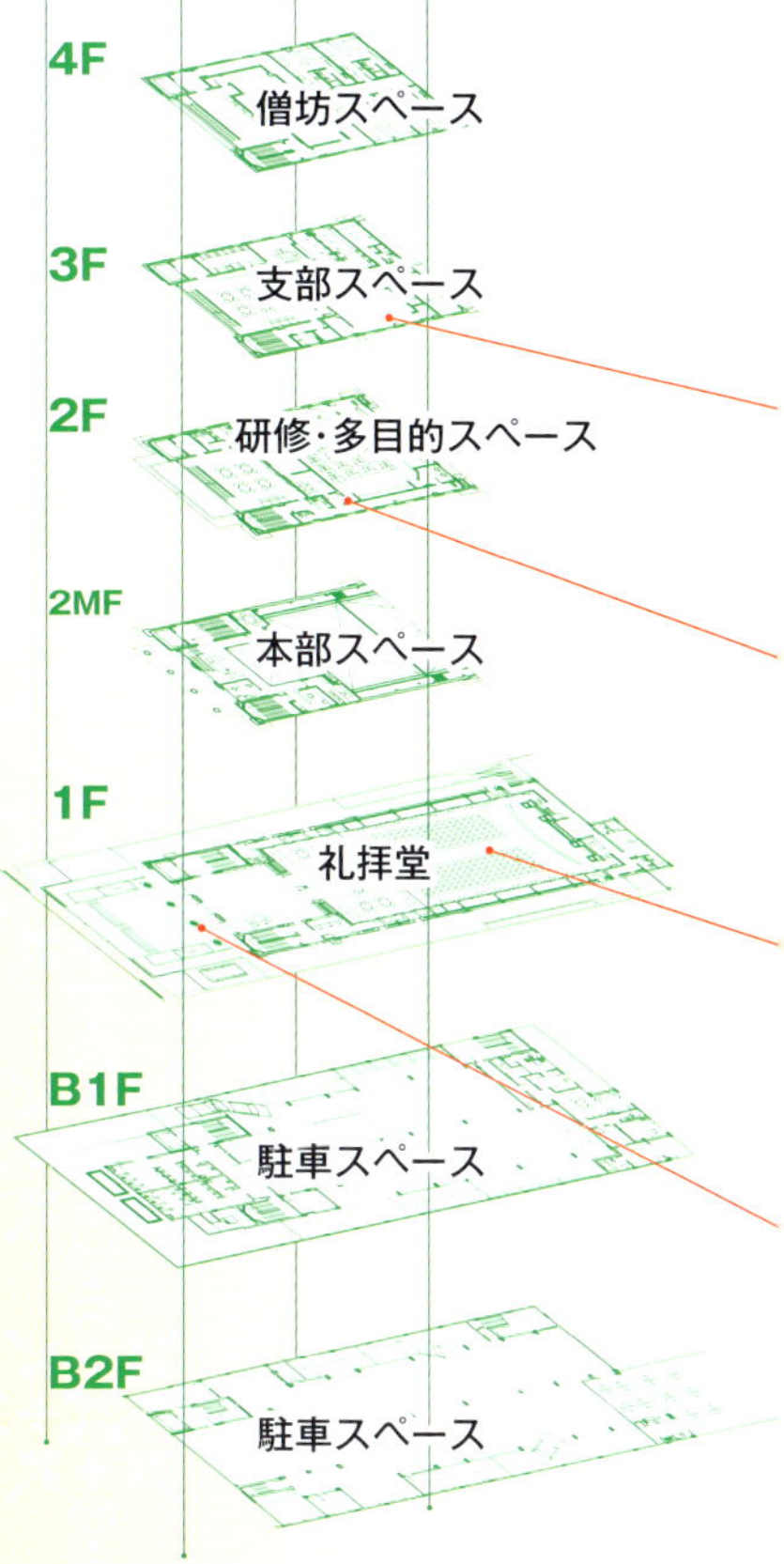

落慶式
当日は1000人以上が参加。落慶を機に、新入会者も400人以上誕生した。

2010年 御生誕祭
主の生誕を祝する聖歌を合唱。精舎落慶後は会員がどんどん増えている。

行。二〇一〇年四月の竣工を迎えた。

まさに、命の危険と隣り合わせのなかで祈り続け、ようやくこぎつけた、悲願の完成だった。そして、翌月、五月十六日に晴れの落慶式。落慶後のブラジル正心館は、土日の伝道行事で、毎回、数十人の新たな信者が誕生。大発展のなかで、十一月の大川隆法総裁の巡錫《じゅんしゃく》を迎えることができた。

ブラジルの人々が求めていたのは真実の幸福、そして愛――

エル・カンターレ信仰はどのように受け入れられたか

ブラジルで急増中の幸福の科学の会員。各地でセミナー行事を開催するたびに、50人、100人と新たな入会者が生まれる。宗教大国ブラジルの人々は、エル・カンターレ信仰のどこに魅力を感じているのか。これまでの現地信者の取り組みをまとめてみた。

Harada Sandra
原田サンドラさん

命の危険と隣り合わせの伝道

ブラジルで幸福の科学の会員数が急増したのはここ数年のこと。その背景としては、**大川隆法総裁のポルトガル語版書籍の普及が加速し始めたこと**（18ページ参照）、もう一つは、**エル・カンターレの存在をストレートに伝えるようになったこと**が大きい。

現地で伝道活動に取り組んでいる原田サンドラさんは、**『主エル・カンターレは、イエスが〝わが父〟と呼ばれた方』**と、はっきりお伝えし始めたころは、『頭がおかしいのではないか』とか『麻薬でもやっているんだろう』と言ってくる人もいました」と語る。一時期は入会者が減ったこともあったという。**国民の九割近くがクリスチャン**であるブラジルで、イエスを超える存在について語れば、反発されるのは当然だった。

ブラジルの治安はかなり悪く、ピストル殺人や強盗が多発している。セミナーの開催チラシを配るときには、仲間と携帯電話で**十五分おきに連絡を取り、お互いの安全**

コラム

を確認しながら行うほど。まさに、毎回、命の危険と隣り合わせの伝道活動だ。

クリスチャンの心を魅了した教え

しかし、それでもあえて信仰をストレートに語る伝道を続けることができたのは、**二〇〇七年に大川隆法総裁がハワイで説かれた法話"Be Positive"で、勇気と確信の大切さを学んだ**からだという。

伝道の過程で、さまざまなテーマのセミナーを企画し、チラシを配って参加を呼びかけたが、最初は、ほとんど人が集まらずに失敗するということの繰り返しだった。それでも、「人々が求めている主の教えは何か。何に悩み苦しんでいるのか」を真剣に探究していくうちに、ついに**ブラジル人の心にヒットする二つの言葉**に突き当たった。それは、**「愛」**と**「幸せ」**だった。

チラシには必ず二つの言葉を入れ、**「主エル・カンターレの愛を知ることで、真の幸せが得られる」**と伝えるようになった。

クリスチャンにとって「与える愛」は関心の高いテーマで、明らかに良い反応があった。**イエスの愛の精神と重なりつつも、さらに高度な愛の段階について説かれた幸福の科学の教え**は、多くのブラジル人の心を貫き、主エル・カンターレの大いなる愛を信じる人が続出。評判が評判を呼び、入会者がどんどん増えるようになった。

そして、二〇一〇年、ついに大川隆法総裁のブラジル巡錫《じゅんしゃく》が実現。

本物であれば必ず伝わる——。**主を確信する信仰心、そして、その素晴らしさを堂々と語る勇気が**、今、ブラジルの伝道スタイルとして花開こうとしているのだ。

伝道活動のために作成した配布チラシ。さまざまな工夫が凝らされている。

街頭で伝道活動をするのは命がけ。だからこそ、仲間との絆もいっそう深くなる。

2003年12月29日収録

幸福の科学 初代名誉顧問　善川三朗《よしかわさぶろう》の霊言から

（大川隆法著『善川三朗の霊言――帰天説法②』所収）

主エル・カンターレは世界各地の宗教への霊的指導をしている

善川三朗　アメリカなどで、チャネリングやニューエイジみたいな、そういう霊指導を受けている人たちが、多数、出て、本を出したり、講演をしたりしているらしいけれども、それは、大川隆法総裁先生の「魂《たましい》の兄弟」である、トスとか、リエント・アール・クラウドとかいう人たちが、アメリカ、それからヨーロッパもそうですが、大西洋の周辺を指導していることによるらしい。トス様が、主として、アメリカと、ちょっとヨーロッパの部分、このあたりの、そういう霊界指導というか、新宗教を起こす力で、ちょっと働いておるらしい。

　クラウド様は、主としてラテン系の世界というか、中南米とか、そんな所を霊指導しておるようです。ラテン系というのは、スペイン語とかポルトガル語とかの言語圏《けん》の世界だな。キリスト教で言えば、カトリック系が強いことは強いのですが、そういう所を、リエント・アール・クラウド様が、いろいろ指導しておられるようだ。中南米等の情報は、あ

コラム

まり日本には入ってこないので、日本の人たちは知らないでしょうが、南米あたりにも、いろいろな宗教があるし、新しい宗教も起きているし、新しい霊指導も起きていて、それはクラウド様がしているらしい。

それから、アジア、オセアニアだね。この地域は、エル・カンターレの魂のなかでは、主として、ラ・ムーが指導しているようです。昔のムー帝国の王様として、幸福の科学でも知られているね。一万五千年以上前の方だね。「ラ・ムーの法」、昔の「太陽の法」を説いた方だな。

インドネシアなどの東南アジアとか、それから、オーストラリアだとか、ニュージーランドだとか、インドの一部だとか、このあたりを、どうも、ラ・ムー様が指導しているらしい。

だから、一宗一派にこだわってはいないのです。宗派や宗教が違っても、肝要《かんよう》なところは指導しているのです。

これがエル・カンターレの偉大な力です。そんなところがあるというふうに言っていいでしょう。

主として、いま、日本を中心に指導しているのは、過去世で、インド時代にゴータマ・ブッダと言われた方と、ヘルメスと言われた方です。この方たちが中心になって、やっております。

講演会 The Last Lecture in Brazil ～クレジカードホールにて

aulo

MISSION 5
NOVEMBER 14 2010
SÃO PAULO

2010.11.14 sun サンパウロ
São P

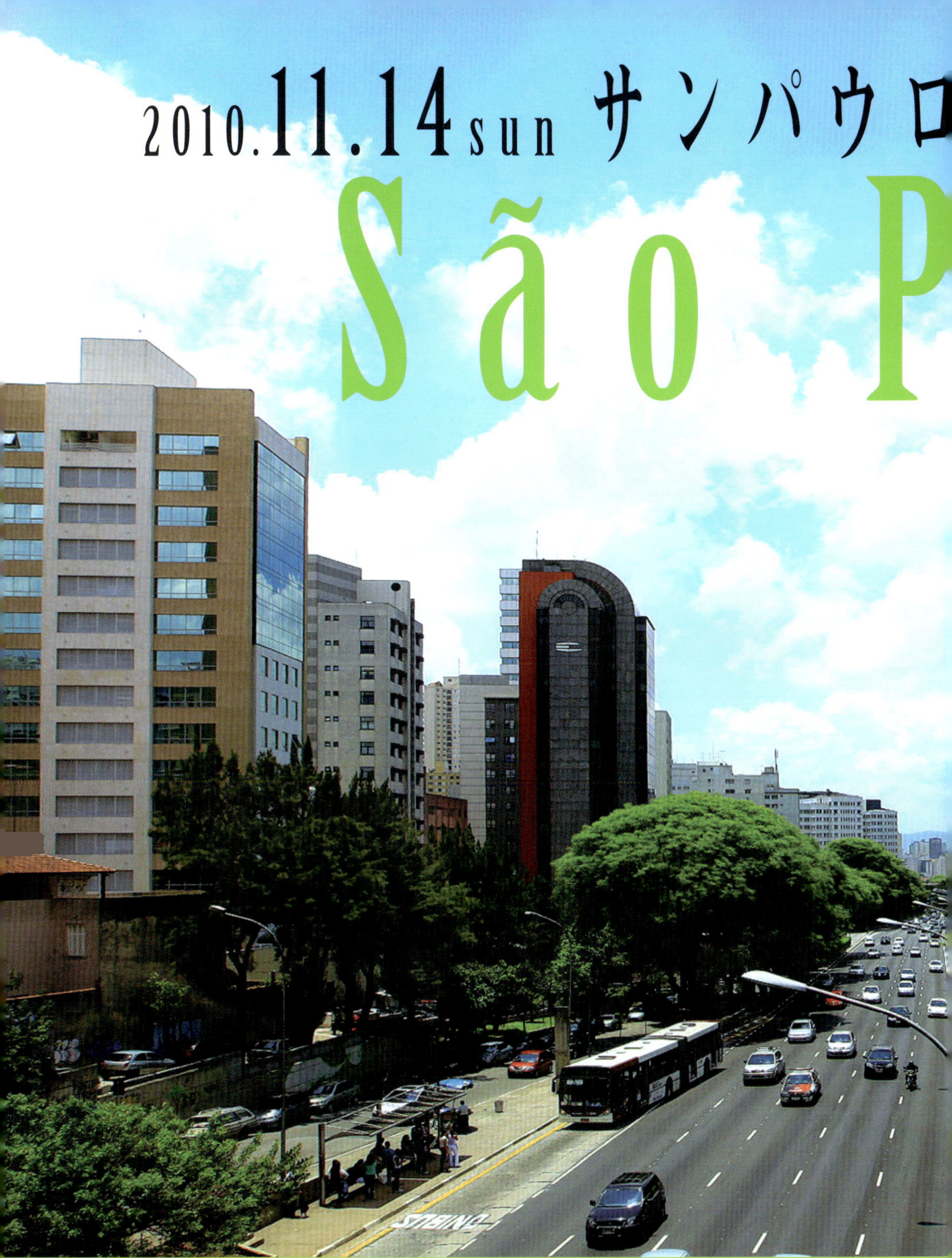

大川隆法総裁のブラジル巡錫、最後の説法場所は、南米最大の規模であり、「カ
ーネギー・ホール」クラスの格式を持つ大会場、クレジカードホールが選ばれた
有名歌手のライブ・イベントや国際的な催しの場などに使われている。

ホールの外には講演会を待つ人々が長蛇の列。

クレジカードホールの入り口で、開場を心待ちにする
人々の列。会場周辺を参加者が囲むようにして並ぶ。

Credicard Hall

この日のためにお揃《そろ》いで作られた、ボランティアスタッフの
"I ♡ El Cantare "Tシャツが入場者たちを迎える。

2010年11月14日、
南米最大のクレジカードホールが
聴衆の熱気で包まれた――。

Palestra do Mestre
RYUHO OKAWA
Amor e o Trabalho dos Anjos
Love and The Work of Angels 愛と天使の働き

"Eu Amo El Cantare! Eu Amo El Cantare!" (I Love El Cantare!)

A Standing Ovation! Waving Yellow Scarves!

ホールを埋め尽くす聴衆。大川隆法総裁が登壇すると、一気にボルテージは最高潮に。人々は、夢中で黄色いスカーフを振りながら、リズムに乗って、「エル・カンターレを愛しています！」というフレーズを口々に繰り返した。

愛と天使の働き
Amor e o Trabalho dos Anjos

どうか、よく聴いてください。
私が、ここに来たのは、
あなたがたに
天使になって
もらいたいからです。

大川隆法総裁 法話

大川隆法総裁 法話 抄録

天使の一人として 地上をユートピアにする努力を

神は、七十億人という、この地球の多くの人々を救うために、数多くの天使たちが、休むことなく、毎日、働くことを望んでいます。天使たちは昼も夜も休みなく働いています。

天上界《てんじょうかい》には夜がなく、天上界の霊には、「眠る」ということがありません。天使たちは、二十四時間、三百六十五日、働き続けています。そうした数多くの天使たちが、神の僕《しもべ》となって、この世の不幸を減らすべく、日々努力しています。

あなたがたもまた、天使の一人として、この地上を浄《じょう》化《か》するために、この地上をユートピア化するために、

日々の努力を惜《お》しまないでほしいと思うのです。

私は、はるか二万キロを越《こ》え、空の旅を二万キロも続けて、このブラジルの地に降り立ち、五度の説法を行いました。これが最後の説法、最終回の説法です。

どうか、よく聴いてください。

私が、ここに来たのは、あなたがたに天使になってもらいたいからです。

あなたがたにも、この地上で天使の働きをなしていただきたいのです。

地上の人間は、天上界を見ることも、神の姿を見ることも、地獄界を見ることもできません。そうした、本当は見ることのできない世界を、信仰のみによって知り、神への道を歩んでいる、あなたがたこそ、日々の精進のなかで天使になっていただきたい存在なのです。

Muito《ムイト》 obrigado《オブリガード》.（どうもありがとうございました）

講演終了後、一般参加者900人のうち、700人がその場で入会を決意した。

あなたがたは、真理の子であってほしい。
あなたがたは、希望の子であってほしい。
あなたがたは、繁栄の子であってほしい。
あなたがたは、善の子であってほしい。
そして、何よりも、
あなたがたは、神の子であってほしい。

大川隆法総裁 法話

大川隆法総裁の講演を聴いて

現地インタビュー

稀有なる機会に、この場に居合わせることができた私たちは〝選ばれた〟ことに感謝しなければいけません。この喜びは永遠に続いていくでしょう。**先生は「地の果てまでも伝道する」ということを、自ら身をもって示してくださいました。これからは「先生のしたいことが、私のしたいこと」です。**私の人生を、地の果てまでも、命を賭けてでも、先生の願っていることをするために捧げていきます。**ビバ、エル・カンターレ！**（40代女性）

先生が御登壇された瞬間、**「神を直接この目で見ている」**ということに、泣けるほど感動しました。（50代男性）

御**法話すべてが感動的**でした。先生は、私たちが天使になるように、人類を救っていくようにとおっしゃいました。自らの魂修行の目的として、人々を救っていきたいです。（30代男性）

私の心を強く打ったのは、**天使の偉大な愛**です。これからは、**主エル・カンターレの弟子として、**多くの人々に主の愛を伝えたいです。（50代女性）

人種、民族の違いを超え、信仰のもと、心一つに。

MISSION 5 SÃO PAULO

エピソード

「**愛の対極にあるものは嫉妬である**」というお言葉、そして、「どうしたら、人間的にもっと成長していけるか」というお話が印象に残りました。本日から、**自らの思いと行動を反省していこう**と決意いたしました。（30代女性）

先生がここに来てくださったことにとても感動しています。先生のお言葉を聴いて、**善は悪とは比べものにならないものだ**ということに気づかせていただきました。そして、私たちはこの地上で天使になれるということを教わりました。（30代女性）

黄**色のハンカチ**を選んで振ったのは、先生に感謝の気持ちを表すためです。この一週間で、「父」は、強い強いメッセージを私たちに残してくれました。**真理の力強さを感じました。**今までに学んできたもの、気づき、真理に、もう一度出会ったような気持ちです。**素晴らしいこんな機会が、日本にはいつもあるなんて……。**（50代男性）

その頬をただ伝うは滂沱《ぼうだ》の涙。

MISSION 5 SÃO PAULO

エピソード

マスター・オオカワの本を以前から読んでいて、とても素晴らしい教えだと思っています。普段の書店セミナーのときにも、本がたくさん売れていますが、クレジカードホールでは二千冊以上の本が売れて、とてもうれしく思います。また、講演会当日は、**ボランティアのみなさんの運営がとても成熟していて、本当にボランティアだけでこれだけのイベントができるのかと驚きました。**

（大川隆法総裁の書籍セミナーを行っている書店関係者）

私は、**七十三歳にして、初めて生神様を拝ませていただきました。**こんなにうれしいことはありません。これで安心してあの世にいけると思います。総裁先生のご健康とご幸福をお祈りし、無事にご帰国されることを心からお祈りしております。

（70代男性）

先生のご存在は、福音です。**マリリア（サンパウロから車で12時間の町）から本日ここに駆けつけてきてよかっ**たと思います。Happy Scienceの教えを広めるための力と健康を得て頑張りたいと思います。

（50代女性）

マ**スター・オオカワの力強い説法に感動**しました。日本語でお話をされていても、その情熱は伝わってきました。

（大手出版取次会社社長）

アルゼンチンの国境近くの町から25時間かけてバスで来ました！

先生がブラジルに来ると知った時は、衝撃で心臓がとまりそうでした。**昨日の朝七時のバスで出て、今朝八時に着きました。**車内では、私たちが幸福の科学の会報を通じて知っている、真理の知識をシェアしながら来ました。**先生の説法は希望です！**

この希望を、この光を、私たちの人生の道の上に照らしてほしいと思い、三帰誓願を決めました。**先生、私たちの人生を変えてくれて、アリガトウゴザマシタ！**（日本語で）（アルゼンチンとの国境近くの町、サンレオポルドから来た人々。上の写真）

大川隆法総裁ブラジル巡錫後に さらに広がるエル・カンターレ信仰

ブラジル社会に大いなるインパクトを与えた大川隆法総裁の巡錫説法。
現地での幸福の科学メンバーの輪はますます広がりを見せている。

大川隆法総裁講演会の模様を伝えるサンパウロ新聞

（日系人向け）（2010年11月24日付）

＝2＝ 社会 サンパウロ新

3千人が詰めかけた会場

大川隆法総裁

「愛」の説法に信者3千人が参加
幸福の科学・大川隆法総裁が来伯

宗教法人「幸福の科学」の大川隆法総裁が来伯、14日には聖市ピニエイロス区のクレジットカード・ホールに信者らの関係者3千人が参加しての説法「愛と天使の働き」を行った。

今回、大川総裁が説法に選んだテーマは「愛」、ブラジル国民の8割を占めるキリスト教徒の人々が愛の概念を理解しやすいためだ。

説法はまず愛の対極にあるものが憎しみという一般論から入り、実は憎しみを生む最大要因が「嫉妬」だと前提した。

嫉妬は通常、各人が最も欲しながらも手に入れることのできないものを所有している他人、例を挙げるなら貧困者に対する富裕者といった理想像に対して湧き上がるもの。

そして最悪のパターンは嫉妬→憎しみ→憎しみの増幅→攻撃→犯罪へと流れる。

これを人間社会と平行させた神の世界で説明した。

本来、天使と呼ばれる存在は神の僕（しもべ）として人間を助ける役割があるにもかかわらず、その一部「駄天使」は神の大きな力に嫉妬、自分も神になりたいと嫉妬して神を憎んだ結果、悪魔になって地獄に落ちてしまった。

話は人間の世界に戻り、この駄天使と同じ地獄の波長を持った人間がさらに同じ波長を持った他人を見つけて破滅的な人生を作り出して地獄に落としてしまう。

もしも他人の不幸を見て喜んだとしたらそれは地獄との接点だというくだりには何とも説得力があった。

しかしながら、人間がそんなふうにならないのは簡単なこと、「慈悲」の心すなわち他人の良いことに反応して悪いことには反応せず、心を神と天使に向けることだと大川総裁は聴衆に伝えた。

人間の住む世界には不幸な出来事が少なくないが、あくまでも天上界が主流で地獄界はわずか、神に対抗できるような悪

興奮の熱気さめやらぬ講演会後、サンパウロ新聞の社会面では大川隆法総裁の説法内容が報道された。【以下、一部記事抜粋】

今回、大川総裁が説法に選んだテーマは「愛」、ブラジルの国民の８割を占めるキリスト教徒の人々が愛の概念を理解しやすいためだ。

説法はまず愛の対極にあるものが憎しみという一般論から入り、実は憎しみを生む最大要因が「嫉妬」だと前提した。嫉妬は通常、各人が最も欲しながらも手に入れることのできないものを所有している他人、例を挙げるなら貧困層に対する富裕層といった理想像に対して湧き上がるもの。そして最悪のパターンは嫉妬→憎しみ→憎しみの増幅→攻撃→犯罪へと流れる。

これを人間社会と平行〈ママ〉させた神の世界で説明した。

もしも他人の不幸を見て喜んだとしたらそれは地獄との接点だというくだりには何とも説得力があった。

しかしながら、人間がそんなふうにならないのは簡単なこと、「慈悲」の心すなわち他人の良いことに反応して悪いことには反応せず、心を神と天使に向けることだと大川総裁は聴衆に伝えた。

エピソード

大川隆法総裁 原作・製作総指揮「他に類を見ない霊界観」と映画「永遠の法」が大人気！

スピリチュアルなテーマに関心の強いブラジルでは、大川隆法総裁の霊界観が示された『永遠の法』が大人気。そして、その多次元世界を美しい映像と音楽で再現した霊界探訪映画「永遠の法」（大川隆法総裁製作総指揮）は、ブラジルでは現在も各地での上映会が続いている。宗教性とエンターテイメント性が融合したストーリーは、「こんな映画、観たことがない」と、観る者を魅了しているのだ。

今年三月の上映会では二千人が入会を希望。「エル・カンターレの偉大さと教えの深さ、詳細な霊界構造の説明や教えの寛容さは、他に類を見ないものであり、もっと勉強したい」といった感想が寄せられている。

ソロカバ支部の上映会では、3月に映画「永遠の法」を観た人が、連日、100人単位で入会。写真は上映会を支える支部ボランティア。

2011年1月にはリオデジャネイロ支部がスタート。爆発的に会員が増加を続け、わずか3カ月で、すでに会員数がスタート時の8倍になっている。

横浜アリーナ
ama Arena 12.4 sat

Sequel ～ブラジルから日本へ、日本から世界へ——

地球レベルで
人々を導こうとしているものの存在を、
その教えを感じ取っていただきたいのです。

Japan-Yok

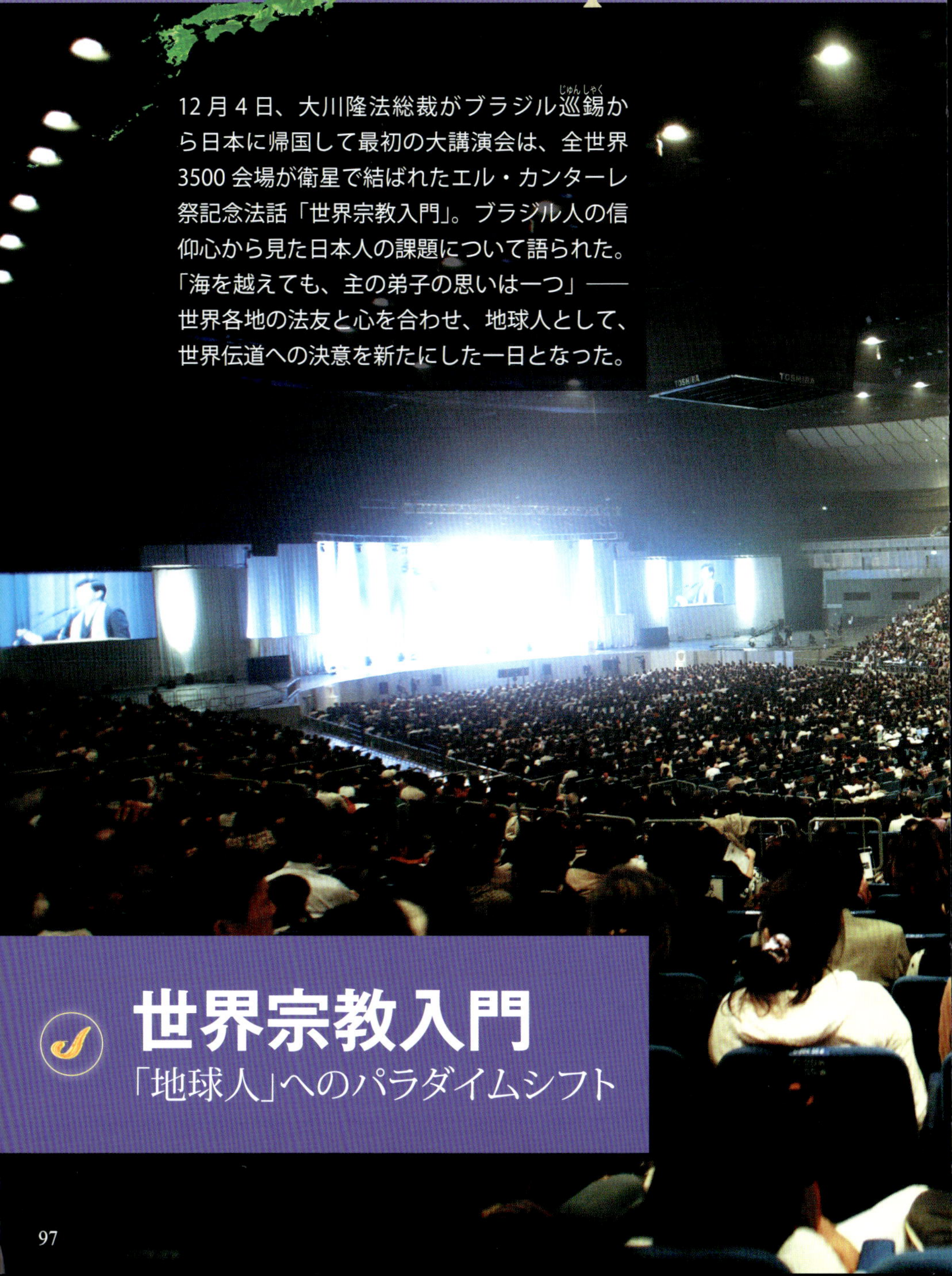

12月4日、大川隆法総裁がブラジル巡錫《じゅんしゃく》から日本に帰国して最初の大講演会は、全世界3500会場が衛星で結ばれたエル・カンターレ祭記念法話「世界宗教入門」。ブラジル人の信仰心から見た日本人の課題について語られた。
「海を越えても、主の弟子の思いは一つ」――世界各地の法友と心を合わせ、地球人として、世界伝道への決意を新たにした一日となった。

世界宗教入門

「地球人」へのパラダイムシフト

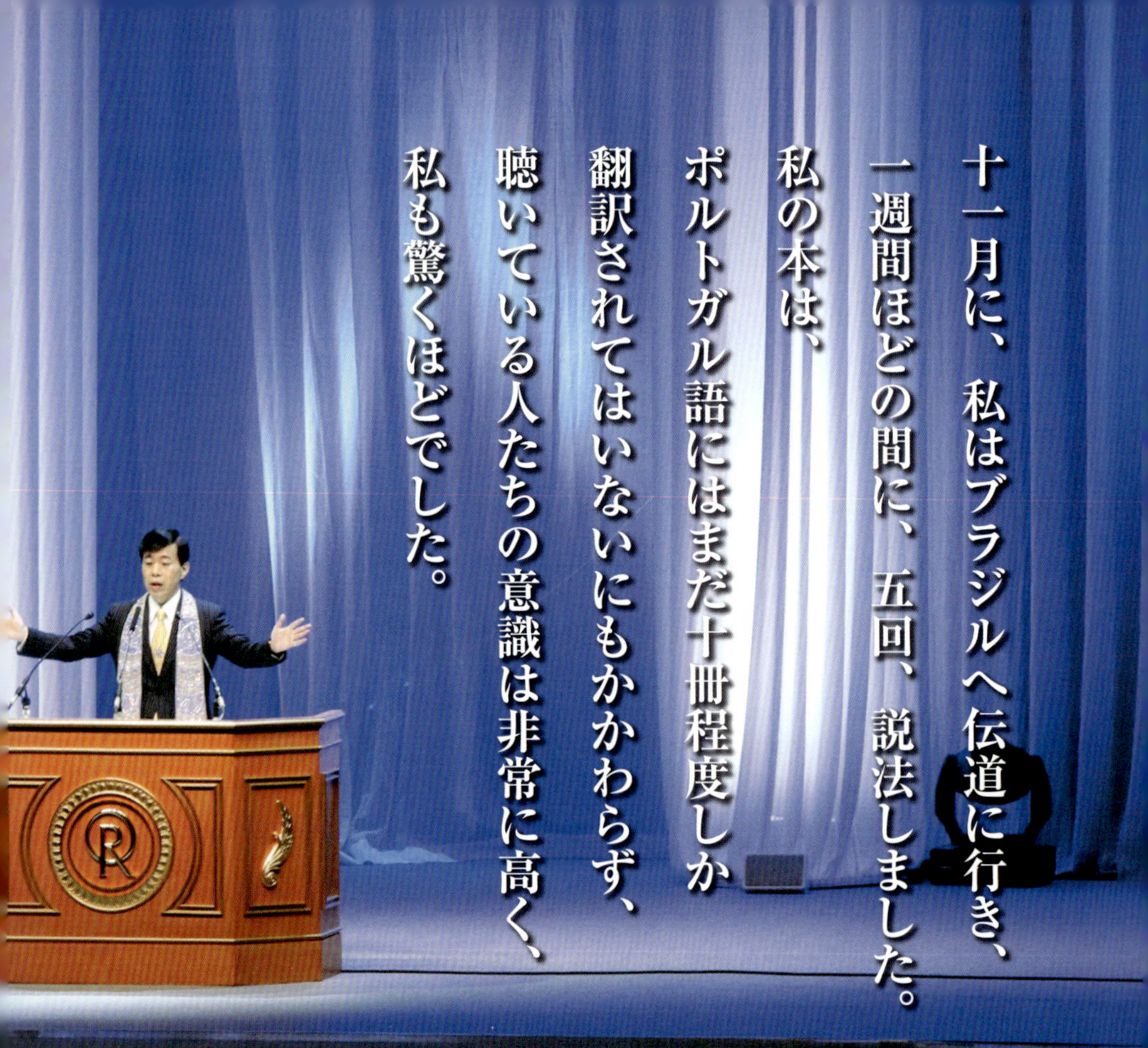

十一月に、私はブラジルへ伝道に行き、
一週間ほどの間に、五回、説法しました。
私の本は、
ポルトガル語にはまだ十冊程度しか
翻訳されてはいないにもかかわらず、
聴いている人たちの意識は非常に高く、
私も驚くほどでした。

本会場となった神奈川県の横浜アリーナ会場は3階スタンドまで聴衆で埋め尽くされた。大川隆法総裁が登壇《とうだん》すると、ブラジルさながらのスタンディング・オベーションと万雷《ばんらい》の拍手を送った。

ある意味では、
「日本国内をはるかに超えているのではないか」
と思われる面もありました。
したがって、
知識の量の問題だけではないということです。
おそらくは、
彼らの国民性のなかにある
信仰心の高さだと思うのです。

TOPICS

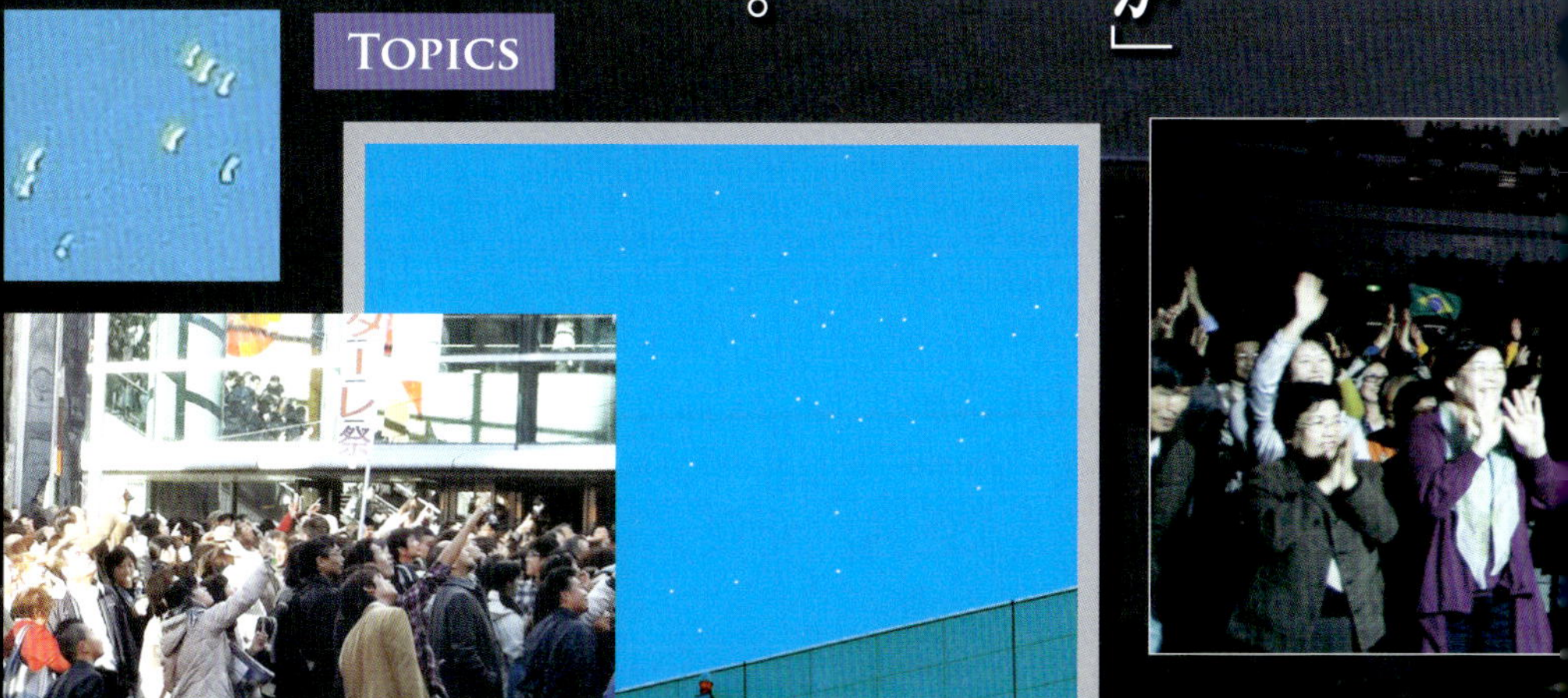

大川隆法総裁が講演の終盤《しゅうばん》で宇宙時代の到来を語った直後、呼応するように、
会場の上空に出現したUFOの大群。数千人が同時に目撃した。

Epilogue
エピローグ

救世主の働きによって、世界の人々が救われつつある。

幸福の科学グループ創始者 兼 総裁
大川隆法

「現在ただいま、私と会うことができる」ということは、一種の奇跡であると思ってください。

私は、あの世に還《かえ》ったら巨大な光の塊《かたまり》になってしまうので、みなさんは、あの世では、まぶしくて私の姿を見ることはできないはずです。

このことの意味が分かる人は霊的に進んでいる

人でしょう。
「自分は、現代的で合理的な考えを持っていて、インテリである」と思っている人ほど、こういうことを信じません。むしろ、「仏陀《ぶっだ》だの、キリストだの、救世主だの、そんなことは万分の一もありえない」と思うのが、この世的、常識的なインテリの立場でしょう。

ただ、私自身も、最初に降りてきた声について、「高級霊の声かどうか」ということを何年もかけて探究しました。

さらに、私は、二十年以上、幸福の科学の活動をしてきましたが、実際に、当会は大教団となり、アフリカやブラジルなど、世界の人々が救われはじめています。それによって、私の活動が、「ほんとうに救世主の働きであった」ということは、実証されつつあると思います。

(『君よ、涙の谷を渡れ。』第5章「もう一段の信仰を」より)

大川隆法 ベストセラーズ・すべての人を「幸福への道」へ

20000キロを越《こ》えて
世界教師《ワールド・ティーチャー》、救世

2010年11月、熱烈な歓迎で迎えられたブラジル巡錫《じゅんしゃく》。現地での１週間にわたる、全５回の講演と質疑応答を収録した、不惜身命《ふしゃくしんみょう》の記録がここに。今、全人類に向けて、「幸福への道」が開かれる――。

※巡錫とは…錫杖《しゃくじょう》を持って巡行《じゅんこう》する意から、
僧が各地を巡《めぐ》り歩いて教えを弘《ひろ》めること。

ブラジル講演
全5回・完全収録！
すべてがこの1冊に！
これで幸福の科学がわかる！

● **SRI LANKA** (スリランカ)
❖ No.53, Ananda Kumaraswamy Mawatha, Colombo 7 Sri Lanka
TEL.94-011-257-3739 **MAIL.srilanka@happy-science.org**

● **NEPAL** (ネパール)
❖ Kathmandu Metropolitan City, Ward No-9, Battisputali, Gaushala, Surya Bikram Gynwali Marga, House No.1941, Kathmandu
TEL.977-0144-71506 **MAIL.nepal@happy-science.org**

● **PHILIPPINES** (フィリピン) ※2011年６月移転予定
❖ Gold Loop Tower A 701, Escriva Drive Ortigas Center Pasig City 1605, Metro Manila, Philippines
MAIL.philippines@happy-science.org

● **THAILAND** (タイ)
❖ Between Soi 26-28, 710/4 Sukhumvit Rd.,Klongton,klongtoey,Bangkok 10110
TEL.66-2-258-5750 **FAX.**66-2-258-5749
MAIL.bangkok@happy-science.org

● **SEOUL** (ソウル)
❖ 162-17 Sadang3-dong,Dongjak-gu, Seoul, Korea
TEL.82-2-3478-8777 **FAX.**82-2-3478-9777
MAIL.korea@happy-science.org

● **TAIPEI** (台北)
❖ No.89, Lane 155, Dunhua N. Rd., Songshan District, Taipei City 105, Taiwan
TEL.886-2-2719-9377 **FAX.**886-2-2719-5570
MAIL.taiwan@happy-science.org

● **SINGAPORE** (シンガポール)
❖ 190 Middle Road # 16-05, Fortune Centre, Singapore 188979
TEL.65-6837-0777/6837-0771 **FAX.**65-6837-0772
MAIL.singapore@happy-science.org

● **HONG KONG** (香港)
❖ Unit A, 3/F-A Redana Centre, 25 Yiu Wa Street, Causeway Bay
TEL.85-2-2891-1963 **MAIL.hongkong@happy-science.org**

● **SYDNEY** (シドニー)
❖ Suite 17, 71-77 Penshurst Street, Willoughby, NSW 2068, Australia
TEL.61-2-9967-0766 **FAX.**61-2-9967-0866
MAIL.sydney@happy-science.org

● **MELBOURNE** (メルボルン)
❖ 11 Nicholson Street, Bentleigh, VIC 3204
TEL.61-4-9557-8477 **FAX.**61-3-9557-8334
MAIL.melbourne@happy-science.org

● **BONDI(SYDNEY EAST)** (ボンダイ)
❖ Suite 3, 354 Oxford Street, Bondi Junction, 2022
TEL.02-938-777-63 **FAX.**02-938-747-78
MAIL.bondi@happy-science.org

● **NEW ZEALAND** (ニュージーランド)
❖ 409A Manukau Road Epsom 1023 Auckland, New Zealand
TEL.64-9-630-5677 **FAX.**64-9-6305676
MAIL.newzealand@happy-science.org

● **INDIA(DELHI)** (デリー)
❖ 314-319,Aggarwal Sqare Plaza, Plot-8, Pocket-7, Sector-12, Dwarka, New Delhi-7S
TEL.91-11-4511-8226 **MAIL.newdelhi@happy-science.org**

● **INDIA(BODHGAYA)** (ブッダガヤ)
❖ Near Sujata Bridge, Village Bakraur, Bodh-gaya, Gaya, Bihar, 824231
MAIL.bodhgaya@happy-science.org

● **NIGERIA** (ナイジェリア)
❖ 1st Floor, 2A Makinde Street, Alausa, Ikeja, off Awolowo Way, Ikeja-Lagos State, Nigeria
TEL.234-805580-2790 **MAIL.nigeria@happy-science.org**

● **UGANDA** (ウガンダ)
❖ Plot 17 Old Kampala Road, Kampala, UGANDA P.O.BOX 34130
TEL.256-78-4728601 **MAIL.uganda@happy-science.org**
URL.www.happyscience-uganda.org

世界80カ国以上に広がる Happy Science

いま、「大川隆法総裁の心の教えを学び、人生に希望を持った」という人が、国籍、人種を超えて、世界中に増えています。世界約80カ国以上に信者が広がり、支部や拠点も次々と開設。2011年にも精舎や支部精舎の落慶が数多く予定されています。海外在住の知人・友人の方、また、国内にお住まいの外国人の方にも、ぜひHappy Scienceのことをお伝えください。

● **TOKYO**（東京）
❖ 6F 1-6-7 Togoshi, Shinagawa, Tokyo, 142-0041, Japan
TEL.03-6384-5770 **FAX.**03-6384-5776
MAIL.**tokyo@happy-science.org**

● **NEW YORK**（ニューヨーク）
❖ 79 Franklin Street, New York, New York 10013, U.S.A.
TEL.1-212-343-7972 **FAX.**1-212-343-7973
MAIL.**ny@happy-science.org**

● **LOS ANGELES**（ロサンゼルス）
❖ 1590 E. Del Mar Blvd, Pasadena, CA 91106, U.S.A.
TEL.1-626-395-7775 **FAX.**1-626-395-7776
MAIL.**la@happy-science.org**

● **CHICAGO**（シカゴ）
❖ 966 Estes Ct, Schaumburg, IL 60193 U.S.A
TEL.1-630-284-9784 MAIL.**chicago@happy-science.org**

● **FLORIDA**（フロリダ）
❖ 12208 N 56th St., Temple Terrace, Florida 33617
TEL.1-813-914-7771 **FAX.**1-813-914-7710
MAIL.**florida@happy-science.org**

● **NEW JERSEY**（ニュージャージー）
❖ 725 River Road, Suite 58, Edgewater, NJ 07020
TEL.1-201-313-0127 **FAX.**1-201-313-0120
MAIL.**nj@happy-science.org**

● **SAN FRANCISCO**（サンフランシスコ）
❖ 525 Clinton St., Redwood City, CA 94062, U.S.A.
TEL/FAX.1-650-363-2777 MAIL.**sf@happy-science.org**

● **HAWAII**（ハワイ）
❖ 1221 Kapiolani Blvd, Suite 920, Honolulu, Hawaii 96814, U.S.A.
TEL.1-808-591-9772 **FAX.**1-808-591-9776
MAIL.**hi@happy-science.org**

● **KAUAI**（カウアイ）
❖ 4504 Kukui St, Suite 21, Kapaa, HI 96746, P.O.Box 1060
TEL.1-808-822-7007 **FAX.**1-808-822-6007
MAIL.**kauai-hi@happy-science.org**

● **TORONTO**（トロント）
❖ 323 College St.Toronto ON Canada M5T 1S2
TEL.1-416-901-3747 MAIL.**toronto@happy-science.org**

● **VANCOUVER**（バンクーバー）
❖ #212-2609 East 49th Avenue,Vancouver, BC,V5S 1J9 Canada
TEL.1-604-437-7735 **FAX.**1-604-437-7764
MAIL.**vancouver@happy-science.org**

● **LONDON**（ロンドン）
❖ 3 Margaret Street, London W1W 8RE United Kingdom
TEL.44-20-7323-9255 **FAX.**44-20-7323-9344
MAIL.**eu@happy-science.org**

● **GERMANY**（ドイツ）
❖ Klosterstr. 112, 40211 Dusseldorl, Germany
TEL.49-211-93652470 **FAX.**49-211-93652471
MAIL.**germany@happy-science.org**

● **AUSTRIA**（オーストリア）
❖ Zentagasse 40-42/1/1b, 1050 Wien, Austria/EU
TEL/FAX.43-1-9455604
MAIL.**austria-vienna@happy-science.org**

● **FRANCE**（フランス）
❖ 56, rue Fondary 75015 Paris France
TEL.09-50-40-11-10 **FAX.**09-55-40-11-10
MAIL.**france@happy-science.org**

● **FINLAND**（フィンランド）
MAIL.**finland@happy-science.org**

● **MEXICO**（メキシコ）
MAIL.**mexico@happy-science.org**

● **SOUTH AFRICA**（南アフリカ）
❖ 55 Problem Mkhize (Cowey) Road, DURBAN,4001
TEL.031-2071217 **FAX.**031-2076765
MAIL.**southafrica@happy-science.org**

● **SAO PAULO**（サンパウロ）
❖ R. Domingos de Morais 1154, Vila Moriana, Sao Paulo, SP-CEP 04009-002
TEL.55-11-5088-3800 **FAX.**55-11-5088-3806
MAIL.**sp@happy-science.org**

世界中の人々と幸福のネットワークを

―幸福の科学グループの災害地復興支援、チャリティ活動―

現在、世界各地には、災害や戦乱、貧困等で苦しまれる人々が数多くいます。幸福の科学グループでは、魂《たましい》を救済する宗教活動が最大の社会貢献であり、公益活動だと考えています。「世界の人々の苦しみが和らぎ、幸福になるためのお手伝いがしたい」という思いを込めて、被災地への物資の支援や環境整備のお手伝い、紛争地域への人道支援、心を潤《うるお》す仏法真理の本の贈呈など、物心両面からの支援活動を続けております。

〈最近の災害復興支援例〉

●2011年3月、東日本大地震の被災地への人的支援、必要生活物資および義援金による支援、教団施設の臨時開放等。

●2011年2月、ニュージーランドの地震被災地に対する復興支援。

●2011年2月、オーストラリア北東部の豪雨による広範囲での土砂崩れや洪水、超大型サイクロン等の自然災害に対する復興支援。

●2011年1月、ブラジルの豪雨と洪水、地滑りによる大規模被災に対する復興支援。

●2010年3月、ウガンダ東部の土砂災害で、赤十字難民キャンプに対して毛布1000枚を寄贈。

●2010年3月、大規模な地震と津波で甚大な被害を受けたチリ大地震被災地に対する復興支援。

●2010年1月に起きたハイチ大地震に対する復興支援。

●2009年9月、スマトラ島沖地震の被災地に対する復興支援。

●2008年5月、中国四川大地震の被災者向けに最新式のテントを提供。

〈最近のチャリティ活動例〉

●デリー近郊のスラムで、現地会員有志から送られた古着のチャリティを実施。

●マザー・テレサの施設への毛布寄贈や、孤児院などでの食料品や医療品の提供。

●ウガンダの学校や病院に対し、マラリア対策として蚊帳の寄贈。

●インド中部のオーランガバードの小学校に対し、文房具セットを寄贈。

●インドで経済的な理由で治療を受けられない人々への医療チャリティ。

●ネパールの学業優秀で貧しい子供たちへの奨学金支給と校舎建設支援。

「不惜身命《ふしゃくしんみょう》」特別版《とくべつばん》・ビジュアル海外巡錫《かいがいじゅんしゃく》シリーズ
大川隆法《おおかわりゅうほう》 ブラジル巡錫《じゅんしゃく》の軌跡《きせき》

2011年4月29日 初版第1刷

監 修 大《おお》 川《かわ》 隆《りゅう》 法《ほう》

編 集 宗教法人 幸福の科学

発行所 幸福の科学出版株式会社
〒142-0041 東京都品川区戸越1丁目6番7号
TEL(03)6384-3777
http://www.irhpress.co.jp/

印刷・製本 株式会社サンニチ印刷

落丁・乱丁本はおとりかえいたします

ISBN978-4-86395-116-7 C0014

大川隆法 ベストセラーズ・法シリーズ

教育の法

法シリーズ 17作目

信仰と実学の間で

深刻ないじめ問題の実態と解決法や、尊敬される教師の条件、親が信頼できる学校のあり方など、教育を再生させる方法が示される。日本の教育に疑問を持つ、すべての人々に捧げる一冊。

1,800円

救世の法

法シリーズ 16作目

信仰と未来社会

信仰を持つことの功徳や、民族・宗教対立を終わらせる考え方など、人類への希望が示される。地球神の説くほんとうの「救い」とは――。あなたと世界の未来がここにある。

1,800円

愛と悟り、文明の変転、そして未来史――現代の聖典「基本三法」

法体系

太陽の法

エル・カンターレへの道

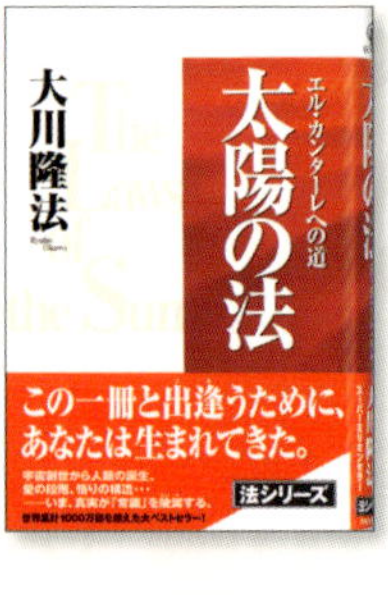

時間論

黄金の法

エル・カンターレの歴史観

空間論

永遠の法

エル・カンターレの世界観

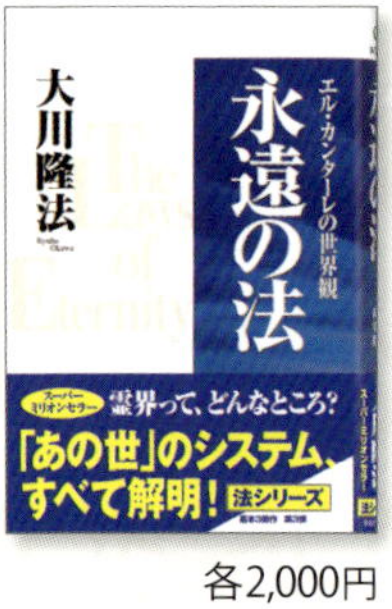

各2,000円

大川隆法監修・巡《じゅん》錫《しゃく》説法シリーズ

不《ふ》惜《しゃく》身《しん》命《みょう》 特別版 ビジュアル海外巡錫シリーズ

大川隆法 インド・ネパール巡錫の軌跡

［監修］ 大川隆法　宗教法人 幸福の科学 編

A5判 オールカラー

2011年2月から3月にかけ、大川隆法総裁が仏教発祥の地、インドとネパールで4連続講演を決行。「再誕の仏陀」と4万人の聴衆が生み出す、熱気あふれるビジュアルブック。

1,300円

不《ふ》惜《しゃく》身《しん》命《みょう》 2010

2011年6月 発刊予定

大川隆法 伝道の軌跡

［監修］ 大川隆法　宗教法人 幸福の科学 編

年間二百数十回の説法を敢行。国師として、世界教師として、縦横無尽に教えを説かれた大川隆法総裁の説法を一冊に網羅。

不《ふ》惜《しゃく》身《しん》命《みょう》 2009

2011年3月 最新刊

大川隆法 伝道の軌跡 ―勇気への挑戦―

［監修］ 大川隆法　宗教法人 幸福の科学 編

国師として、行動する宗教家として。政権交代による国難を警告、国難打破のために幸福実現党を立党するなど、年間百数十回の大川隆法総裁、説法ダイジェスト。

1,800円

不《ふ》惜《しゃく》身《しん》命《みょう》

A5判変型 オールカラー

大川隆法 伝道の軌跡

［監修］ 大川隆法　宗教法人 幸福の科学 編

2007年6月から2008年12月までの間に、全国、海外で行われた96回分の大川隆法総裁の説法を、豊富な写真と法話の要旨で紹介。救世の情熱に胸打たれる一書。

1,800円

幸福の科学出版 ※表示価格は本体価格（税別）です。

幸福の科学のご案内

宗教、教育、政治、出版などの活動を通じて、地球的ユートピアの実現を目指しています。

宗教法人
幸福の科学

一九八六年に立宗。一九九一年に宗教法人格を取得。信仰の対象は、地球系霊団の最高大霊、主エル・カンターレ。世界約八十カ国に信者を持ち、全人類救済という尊い使命のもと、信者は、「愛」と「悟り」と「ユートピア建設」の教えの実践、伝道に励んでいます。

（二〇一一年四月現在）

愛

幸福の科学の「愛」とは、与える愛です。これは、仏教の慈悲や布施の精神と同じことです。信者は、仏法真理をお伝えすることを通して、多くの方に幸福な人生を送っていただくための活動に励んでいます。

悟り

「悟り」とは、自らが仏の子であることを知るということです。教学《きょうがく》や精神統一によって心を磨《みが》き、智慧《ちえ》を得て悩みを解決するとともに、天使・菩薩の境地を目指し、より多くの人を救える力を身につけていきます。

ユートピア建設

私たち人間は、地上に理想世界を建設するという尊い使命を持って生まれてきています。社会の悪を押しとどめ、善を推し進めるために、信者はさまざまな活動に積極的に参加しています。

海外支援・災害支援

国内外の世界で貧困や災害、心の病で苦しんでいる人々に対しては、現地メンバーや支援団体と連携して、物心両面にわたり、あらゆる手段で手を差し伸べています。

自殺を減らそうキャンペーン

年間3万人を超える自殺を減らすため、全国各地で街頭キャンペーンを展開しています。

ホームページ
http://www.withyou-hs.net/

ヘレンの会

ヘレン・ケラーを理想として活動する、ハンディキャップを持つ方とボランティアの会です。視聴覚障害者、肢体不自由な方々に仏法真理を学んでいただくための、さまざまなサポートをしています。

ホームページ
http://www.helen-hs.net/

INFORMATION

お近くの精舎《しょうじゃ》・支部・拠点など、お問い合わせは、こちらまで！
幸福の科学サービスセンター
TEL. 03-5793-1727（受付時間 火～金：10～20時／土・日：10～18時）
ホームページ **http://www.happy-science.jp/**

入会のご案内

あなたも、幸福の科学に集い、ほんとうの幸福を見つけてみませんか?

幸福の科学では、大川隆法総裁が説く仏法真理をもとに、「どうすれば幸福になれるのか、また、他の人を幸福にできるのか」を学び、実践しています。

入会

大川隆法総裁の教えを学ぼうとする方なら、どなたでも入会できます。入会された方には、『入会版「正心法語《しょうしんほうご》」』が授与されます。（入会の奉納は1,000円目安です）

三帰《さんき》誓願《せいがん》

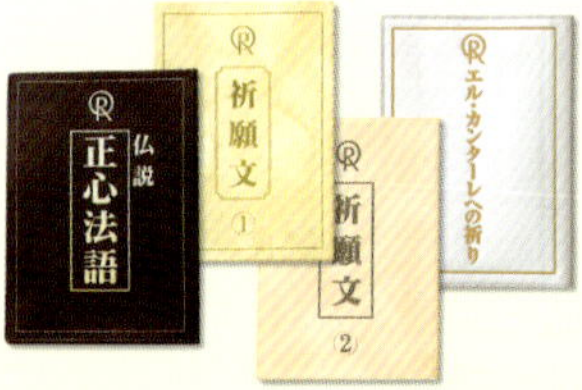

仏弟子としてさらに信仰を深めたい方は、仏《ぶっ》・法《ぽう》・僧《そう》の三宝《さんぽう》への帰依を誓う「三帰誓願式《さんきせいがんしき》」を受けることができます。三帰誓願者には、『仏説《ぶっせつ》・正心法語《しょうしんほうご》』『祈願文《きがんもん》①』『祈願文②』『エル・カンターレへの祈り』が授与されます。

植福《しょくふく》の会

植福は、ユートピア建設のために、自分の富を差し出す尊い布施の行為です。布施の機会として、毎月1口1,000円からお申込みいただける、「植福の会」がございます。

「植福の会」に参加された方で、ご希望の方には、幸福の科学の小冊子（毎月1回）をお送りいたします。詳しくは、下記の電話番号までお問い合わせいただくか、公式ホームページをご確認ください。

月刊「幸福の科学」

ザ・伝道

ヘルメス・エンゼルズ

ヤング・ブッダ

幸福の科学
サービスセンター

TEL. 03-5793-1727（受付時間 火～金：10～20時／土・日：10～18時）
メール service@kofuku-no-kagaku.or.jp
ホームページ http://www.happy-science.jp/